Général PÉDOYA

— ANCIEN COMMANDANT DU 16e CORPS D'ARMÉE —

LES Conférences DE LA HAYE

ARBITRAGE DÉSARMEMENT

J. RUEFF, ÉDITEUR
6 et 8, Rue du Louvre, PARIS

LES
Conférences de la Haye

GÉNÉRAL PÉDOYA

ANCIEN COMMANDANT DU 16e CORPS D'ARMÉE

Les Conférences de la Haye

— ARBITRAGE — DÉSARMEMENT

PARIS

J. RUEFF, ÉDITEUR

6 ET 8, RUE DU LOUVRE

LES
CONFÉRENCES DE LA HAYE

AVANT-PROPOS

Une seconde *Conférence de la paix* proposée par le Président Roosevelt doit se réunir à La Haye dans le courant de l'année 1907.

Les *Amis de la paix* expriment la conviction de voir les diplomates délégués donner leur adhésion au principe de l'arbitrage, ou tout au moins à celui de la réduction des armements.

Nous voudrions avoir la même confiance,

nous ne l'avons pas malheureusement. Au lecteur d'apprécier les considérations qui dictent notre sentiment.

Puissions-nous nous tromper !

Paris, février 1907.

LA PREMIÈRE CONFÉRENCE DE LA HAYE

Durant le siècle dernier, des philanthropes poursuivant la solution de tous les problèmes tendant à améliorer le sort de l'humanité, ne pouvaient qu'être frappés par les calamités qu'entraînent les guerres. Les guerres déchaînent les passions, engendrent les violences, fauchent les existences les plus vigoureuses et les plus utiles, détruisent la fortune publique et la fortune privée, ravagent les contrées, empêchent le développement du Commerce, de l'Industrie et de l'Agriculture, arrêtent l'œuvre de la civilisation, ne permettant pas de soulager mille infortunes ; aussi, ces amis de l'humanité avaient-ils mis en première ligne de leurs études la solution du problème de la Paix universelle.

Par la plume et par la parole, ils cherchaient à propager cette pensée généreuse, lorsqu'un événement d'une haute portée leur fit entrevoir la réalisation de leur rêve. Depuis de longues années de nombreux différends divisaient l'Angleterre et les États-Unis; un tribunal arbitral, auquel furent déférées toutes les réclamations des États-Unis connues sous le nom générique des réclamations de l'Alabama, s'était réuni à Genève et avait rendu, le 14 septembre 1872, une décision d'après laquelle l'Angleterre devait payer aux États-Unis une somme de quinze millions de dollars en or. Ce résultat fut, pour les amis de la paix, un succès qui leur permettait de croire au triomphe prochain de leurs espérances. Il se forma alors en Angleterre, en France, en Suède..., des associations dans le but de propager les doctrines pacifiques.

Aux philanthropes se joignirent bientôt des jurisconsultes avec leur science et plus tard des hommes d'État avec leur autorité; on put ainsi, dans des réunions périodiques, étudier toutes les graves questions du droit international, rédiger des programmes, émettre des voeux et envoyer des adresses aux Parlements et même aux chefs des pouvoirs exécutifs.

La question de la solution des différends par l'arbitrage se trouvait définitivement posée en Europe et, comme nous le verrons plus loin, quelques républiques américaines la mirent en pratique.

Un député français, M. Antide Boyer, fit admettre que la solution, par l'arbitrage, de tous les différends, entre nations comme entre individus, ferait partie du programme socialiste.

Au même moment, un membre du Parlement anglais proposa de confier la poursuite de cette idée philanthropique à une réunion d'hommes appartenant aux Parlements de toutes les nations connus par leurs idées pacifistes ; ils devraient prendre l'engagement d'user de toute leur influence dans le but d'amener les gouvernements à conclure des traités pour maintenir la paix entre les peuples.

De cette proposition naquit l'*Union interparlementaire.*

Cette union fondée, il fut décidé que les membres se réuniraient annuellement pour rechercher par quels moyens on pourrait arriver à faire trancher les différends entre les nations par l'arbitrage et chercher aussi à résoudre le problème du désarmement. Il fut convenu que l'on s'efforcerait à gagner l'opinion publique aux idées de concorde et de conciliation et qu'on rendrait compte, à chaque réunion, des progrès que ces idées faisaient dans les populations.

Le premier congrès fut tenu à Paris au moment de l'exposition de 1889 ; les autres se sont réunis à Londres, Rome, Berne, Anvers, Hambourg, Chicago, Bruxelles, Turin... ; l'avant-dernier a eu ses assises durant l'exposition de Saint-Louis et le dernier (le 15e) a été tenu à Milan, le 15 septembre de cette année.

Au congrès qui se réunit à Paris le 23 juin 1889 assistèrent les délégués des Sociétés de la Paix venus du monde entier. La présidence en fut donnée à M. Frédéric Passy qui, le 21 janvier 1887, avait été le premier à déposer, sur le bureau de la Chambre des députés, une proposition relative à l'arbitrage international. Par cette proposition il invitait le gouvernement à saisir toutes les occasions favorables pour entrer en négociations avec les autres gouvernements, afin d'arriver à régler, par une entente, les conflits internationaux. La commission chargée de l'examen de cette proposition estima qu'en présence des préparatifs militaires qui se faisaient de toutes parts, il était impossible de s'abandonner à des illusions et conclut à une non prise en considération qui fut adoptée.

Durant les années suivantes des propositions analogues furent faites dans les Parlements américain, belge, anglais, danois, italien, espagnol, hollandais; presque toutes furent écartées et celles qui furent votées, le furent avec la pensée de ne leur donner aucune suite.

En prenant le fauteuil présidentiel au Congrès de Paris, M. Frédéric Passy s'exprimait ainsi : « L'arbitrage est en train de devenir la règle du monde politique. Il y a contre la guerre un sentiment de réprobation de plus en plus accentué. L'humanité tout entière doit se lever pour cette croisade entièrement pacifique ».

A la suite de très beaux discours, vigoureusement applaudis, le Congrès arrêta un programme qui devait servir de base à la création d'un *Conseil* et d'une *Haute Cour d'Arbitrage* et adopta un vœu portant « que la fraternité entre les hommes implique, comme conséquence nécessaire, une fraternité entre les nations ; que le but poursuivi par toutes les sociétés de la Paix est l'établissement de l'ordre juridique entre les nations, que le principe de l'arbitrage international devrait être l'une des bases fondamentales de la constitution de chaque État ».

Dans le Congrès tenu à Rome en 1891, M. Frédéric Passy, tout en reconnaissant que l'idée de l'arbitrage n'est pas encore parfaitement admise, ajoutait : « ce qui ne peut être résolu aujourd'hui par son entremise, le sera dans l'avenir ».

Le Congrès vota les bases sur lesquelles il convenait de constituer le droit international : « Le principe des droits et de la morale des peuples est semblable à celui de la morale et des droits des individus, nul n'ayant le droit de se faire justice soi-même.

Aucun État ne peut déclarer la guerre à un autre ; tout différend entre les peuples doit être réglé par voie juridique.

Tous les peuples sont solidaires les uns des autres, et ils ont, comme les individus, le droit de légitime défense.

Il n'existe pas de droit de conquête.

L'autonomie de toute nation est inviolable. »

Quel superbe exposé ! mais, hélas, combien il y a loin de la théorie à la pratique !

Les idées pacifiques faisaient incontestablement de grands progrès dans l'esprit des populations, les délégués aux divers congrès le déclaraient chaque année avec satisfaction. Ces progrès parurent, à un moment donné, suffisants pour que l'union interparlementaire émît, en 1894, le vœu qu'il fût créé, entre les nations, une *Cour permanente d'Arbitrage*. Par contre, les gouvernements semblaient se désintéresser des problèmes qui faisaient l'objet des études du congrès et on ne paraissait pas devoir aboutir de longtemps à un résultat sérieux, lorsque le 24 août 1898, il se produisit un événement qui parut devoir avoir une portée considérable et une influence décisive sur la solution du problème. Le tzar

Nicolas II, empereur de toutes les Russies, se mit personnellement à la tête du mouvement pacifiste créé par l'*Union interparlementaire* ; il adressa à toutes les nations une invitation pour leur demander de se réunir en une Conférence, avec la pensée de chercher à résoudre les trois points suivants :

— Moyen de donner une solution pacifique à tous les conflits pouvant s'élever entre les puissances ;

— Allégement du fardeau que les préparatifs en vue d'une guerre éventuelle font peser sur les peuples ; en d'autres termes, comment on pourrait arriver à limiter les armements qui ruinent les nations ;

— Enfin, dans le cas où, malgré tous les efforts faits par la diplomatie, la guerre n'avait pu être évitée, rechercher comment on pourrait diminuer les malheurs qui en sont la conséquence.

La proposition du tzar fut accueillie par les pacifistes avec enthousiasme ; on parla même de décerner au souverain le titre de bienfaiteur de l'humanité. Il y eut cependant dans ce concert d'éloges quelques notes discordantes. Certains trouvèrent que la proposition aurait gagné à être faite quelques années plus tôt ; elle arrivait alors que les vues ambitieuses de la Russie étaient satisfaites.

C'était en effet avec regret que la Russie avait vu son influence sur mer complètement annihilée en Europe. Sa flotte de la Baltique était une grande partie de l'année immobilisée par les glaces et le traité de Paris avait interdit à sa flotte de la mer Noire de franchir le Bosphore. La Russie s'était donc trouvée dans la nécessité de chercher un débouché vers l'Orient. Elle avait d'abord voulu gagner l'Océan Indien à travers la Perse, mais l'hostilité de l'Angleterre l'avait forcée à renoncer à ce projet ; elle avait alors jeté son dévolu sur le golfe de Petchili qu'elle pouvait atteindre par la Sibérie et la Mandchourie. De ce côté, elle était arrivée à ses fins, puisqu'elle avait obtenu de la Chine la convention Cassini qui lui livrait Port-Arthur. La pensée caressée par la politique des tzars était ainsi accomplie. La Russie allait dominer le grand empire chinois qu'elle pourrait inonder de ses produits tout en accaparant les siens. Il y avait bien là-bas, en Extrême-Orient, un petit peuple, le Japon, qui n'était pas disposé à accepter cet envahissement avec résignation, mais on passerait outre à ses protestations. La diplomatie russe n'avait-elle pas été assez habile pour l'obliger, malgré ses victoires sur la Chine, à accepter le traité de Simonosaki? D'ailleurs le Japon n'était-il pas pour la Russie une puissance militaire négligeable?

N'ayant plus rien à désirer, la Russie ne pouvait trouver que des avantages dans les décisions qui résulteraient de la conférence internationale. Si cette conférence acceptait le principe de l'arbitrage obligatoire, elle ne pourrait le faire que sur la base du *statu quo ante*, ce qui aurait pour conséquence de lui donner définitivement, avec garantie de toutes les puissances, ces nouvelles possessions d'Extrême-Orient.

Ces considérations qui dévoilent une habile diplomatie diminuent sensiblement le mérite de la proposition formulée par le tzar, mais les puissances ne les firent pas entrer en ligne de compte ; elles acceptèrent toutes de prendre part à la Conférence, avec plus ou moins de réserves qui faisaient contraste avec l'enthousiasme montré par les pacifistes.

L'Autriche accepta, sans se prononcer sur le principe des questions qui pourraient être mises en délibération.

L'Italie ne fit qu'une réserve : elle ne pou-pouvait admettre la prétention du Saint-Siège de se faire représenter à une conférence qui ne devait s'occuper que d'intérêts temporels. Le pape, n'ayant pas d'États, ne pouvait être considéré que comme le premier évêque de la catholicité et non comme un souverain. Cette opinion fut appuyée par l'Angleterre. Le pape ne fut pas invité à la Conférence ; ce fut une des grandes douleurs de Léon XIII.

Tout en acceptant l'invitation d'assister à la Conférence, lord Salisbury, premier ministre, dans un discours prononcé le 9 novembre 1898, fit connaître la pensée du gouvernement anglais : « Tandis que nous adhérons aux vues et aux désirs de l'empereur de Russie, dit-il, il nous est permis de penser que jusqu'à ce que soit arrivé le jour où ces aspirations seront couronnées de succès, nous devons encore porter notre attention sur les dangers qui nous entourent et prendre les précautions nécessaires ». Et lord Salisbury, en terminant son discours, conclut à « la nécessité d'un appareil militaire prêt à tout événement et assez fort pour faire face à une coalition des puissances ».

Dans un autre discours prononcé quelques jours avant l'ouverture de la Conférence, le

9 mars 1899, M. Goschen, premier lord de l'Amirauté, s'exprimait ainsi : « Nous sommes prêts à diminuer ou à modifier notre programme de constructions nouvelles et à nous en tenir à la *proportion actuelle*. Nous n'avons pas pressé le mouvement, nous l'avons suivi. Mais je déclare, au nom du Gouvernement de Sa Majesté, que si les autres puissances sont disposées à diminuer leurs programmes des constructions, nous sommes prêts, de notre côté, à entrer avec elles dans cette voie en modifiant le nôtre.

Les difficultés d'un pareil accord seront, cela est certain, immenses ; mais notre désir est sincère de voir la Conférence alléger l'effroyable fardeau qui pèse sur les nations européennes ».

Conserver la *proportion actuelle* des forces, cette proportion qui permet de faire face à une coalition des puissances, voilà ce que veut l'Angleterre et ce qu'elle ne cessera de demander par la suite, comme nous le verrons.

La France se rendra à la Conférence, mais M. Delcassé, ministre des affaires étrangères, dans un langage qui ne comportait aucun engagement, disait à la Chambre des députés, le 23 janvier 1899 : La France accepte, « convaincue qu'il ne sera rien demandé qui puisse la diminuer soit dans le présent, soit dans l'avenir... Ses représentants au futur Congrès international travailleront de tout leur pouvoir à la réalisation de la proposition humanitaire dont l'empereur Nicolas a pris la glorieuse initiative ».

L'Allemagne consentit aussi de prendre part à la Conférence, mais avec des réserves telles que l'on devinait ses pensées secrètes. Ces pensées se firent jour dans une brochure ayant pour titre : *Der ewige Freide*, publiée quelques jours avant l'ouverture de la Conférence, par le professeur Strengel, avec l'autorisation tacite de l'empereur qui désigna ce professeur comme délégué allemand à la Conférence de La Haye. Dans cette brochure il est dit que la guerre est une nécessité, elle est la propagatrice indispensable de la civilisation et la condition vitale de l'Industrie ; elle est conforme aux préceptes de l'Église. Parlant de la Paix universelle, le professeur Strengel conclut en disant que c'est « une conception stupide qui n'est ni possible, ni à souhaiter ».

Somme toute, les puissances acceptèrent la Conférence sans enthousiasme, avec froideur même ; elles semblaient flairer un danger et craindre de voir mettre en discussion une question les intéressant particulièrement ; en acceptant, aucune n'entendait aliéner sa liberté d'action.

La Conférence s'ouvrit à La Haye le 18 mai 1899 ; vingt-neuf gouvernements y prirent part.

La France y fut représentée par M. Léon Bourgeois, ancien ministre des affaires étrangères, M. Bihourd, notre ministre plénipotentiaire à La Haye et M. d'Estournelles de Constant, député.

Durant la discussion générale, les diplomates de tous les pays prononcèrent de magnifiques discours flétrissant les horreurs de la guerre et louant les bienfaits de la paix, tous les orateurs furent chaleureusement applaudis ; la presse du monde entier accueillit ces harangues avec enthousiasme ; c'était une ère de paix, de bonheur et de travail utile qui s'ouvrait ; on touchait à l'âge d'or. Dans l'avenir ce ne seraient plus les armes qui régleraient les différends entre les nations, mais la pacifique diplomatie ; on fut jusqu'à se demander comment des idées aussi sages, aussi généreuses, que tout le monde approuvait aujourd'hui, n'étaient pas venues depuis longtemps à l'esprit de nos gouvernants. Que de malheurs on eût évités ? L'Histoire était oubliée.

On ne voulut pas se souvenir que lors du conflit qui, en 1890, éclata entre l'Angleterre et le Portugal, un diplomate anglais s'était écrié : « Le Portugal a pour lui le droit, nous avons la force ».

On voulût ignorer que M. de Moltke, commentant l'origine de la guerre de 1866 entre la Prusse et l'Autriche, dans son ouvrage sur cette guerre, a écrit : « Sur cette question (la prépondérance en Allemagne) il fallait que l'Autriche ou la Prusse cédassent, il n'y avait plus place pour deux ».

La formule « la force prime le droit », la falsification de la dépêche d'Ems, l'accueil négatif fait à M. Thiers allant, au mois de novembre 1870, demander l'intervention des souverains de l'Europe, tout cela était oublié; alors que l'histoire était là pour dire à tous les amis de la Paix quand même : il y a un monde entre un discours et un arbitrage ou une médiation acceptés ; les pacifistes le virent bien lorsqu'il fallut donner à tous ces beaux discours une sanction pratique ; alors les illusions s'évanouirent et les difficultés commencèrent.

Des délégués à la Conférence, se fiant aux applaudissements dont leurs discours avaient été couverts, n'hésitèrent pas à proposer l'*Arbitrage obligatoire* pour solutionner les conflits qui pourraient s'élever dans l'avenir entre les nations.

Les plénipotentiaires anglais répondirent à cette proposition en s'étendant sur les sacrifices énormes faits par l'Angleterre pour devenir une grande puissance maritime ; ils donnèrent de longs détails sur la force, la mobilité et l'armement de la flotte anglaise qui se trouvait être actuellement de beaucoup supérieure à celle de toutes les autres nations. Si donc, dirent-ils, on adoptait l'arbitrage obligatoire, l'Angleterre perdrait tous les avantages que lui donnaient les efforts et les sacrifices faits; ils conclurent en se prononçant contre cette proposition.

Les représentants de Guillaume II furent plus catégoriques encore. Pour l'Allemagne, la force prime toujours le droit ; l'armée allemande est extrêmement forte, bien outillée, bien disciplinée, bien commandée ; le pays a en elle une confiance absolue; aussi compte-t-il beaucoup plus sur son armée pour trancher un conflit que sur la décision d'un tribunal, si distingués qu'en soient les membres. Comme conclusion, ils déclaraient qu'ils rejetaient d'une manière absolue l'arbitrage obligatoire.

La motion tendant à rendre l'arbitrage obligatoire ne pouvait avoir de valeur que si elle était acceptée par l'unanimité des puissances. Devant ces deux refus catégoriques, vainement les amis de la Paix cherchèrent une formule dans laquelle il fût possible de glisser les mots : arbitrage obligatoire ; ils durent y renoncer et se contenter de se donner la satisfaction platonique de dire que ce serait cependant un excellent moyen de solutionner les litiges internationaux.

N'ayant pu avoir l'arbitrage obligatoire,

nécessité fut aux plénipotentiaires de se contenter de l'*Arbitrage facultatif*, et dans quels termes? la Convention signée à La Haye le 29 juillet nous le dit.

Art. 2. — « En cas de dissentiment grave ou de conflit, avant d'en appeler aux armes, les puissances signataires conviennent d'avoir recours, *en tant que les circonstances le permettent*, aux bons offices ou à la médiation d'une ou de plusieurs puissances amies. »

Art. 5. — « Les fonctions de médiateur cessent du moment où il est constaté, soit par une des parties en litige, soit par le médiateur lui-même, que les moyens de conciliation proposés par lui ne sont pas adoptés. »

Art. 7. — « L'acceptation de la médiation ne peut avoir pour effet, sauf convention contraire, d'interrompre, de retarder ou d'entraver la mobilisation ou autres mesures préparatoires à la guerre.

Si elle intervient après l'ouverture des

hostilités, elle n'interrompt pas, sauf convention contraire, les opérations militaires en cours. »

Il résulte de là que chaque puissance est libre de demander ou de ne pas demander la médiation, de rompre à son gré les pourparlers s'ils sont engagés, de suspendre ou non les préparatifs de guerre, d'arrêter ou non les hostilités si elles sont commencées.

Qu'a donc innové la Conférence? n'avons-nous pas déjà vu des guerres avorter alors que la mobilisation était commencée, comme lors de l'affaire Schnœbelé? N'avons-nous pas vu encore les hostilités cesser brusquement par un accord entre les puissances en lutte, comme en 1859, malgré la proclamation solennelle de l'empereur Napoléon III prenant l'engagement de rendre l'Italie libre des Alpes à l'Adriatique?

Les faits de cette nature abondent dans l'histoire. Point donc n'était besoin de réunir, à grand fracas, une centaine de diplomates dans une conférence qui s'était donné elle-même le nom de *Conférence de la Paix*, pour élaborer une convention donnant aux nations des droits qu'elles ont toujours eus.

La Convention du 29 juillet 1899 a créé une *Commission permanente d'arbitrage ;* il faut espérer que nous la verrons fonctionner un jour, mais nous sommes toujours dans l'attente des services qu'elle rendra au monde ; on ne lui a même pas donné à solutionner l'incident de Hull. Par cette Convention encore, les puissances ont été poussées à signer des *Conventions d'arbitrage ;* il en a été signé en effet par le Danemark, la Hollande, l'Espagne et par d'autres puissances de second et de troisième ordre ; il en a été signé encore entre l'Angleterre et la Suisse, entre les États-Unis et la Suisse ; mais ces conventions nous laissent indifférents ; il n'en serait pas de même si elles étaient signées entre l'Allemagne et la France, ou entre l'Allemagne et l'Angleterre, mais celles-là nous ne les avons pas et il semble que nous ne sommes pas sur le point de les avoir ; les aurions-nous d'ailleurs, que si elles sont formulées dans les termes de toutes les conventions déjà signées, nous ne saurions leur attribuer la moindre valeur.

Les conventions signées sont toutes rédigées suivant un même cliché (1), toutes ne contiennent qu'un seul article important ainsi conçu :

« Les différends d'ordre juridique ou relatifs à l'interprétation des traités existant entre les deux parties contractantes, qui viendraient à se produire entre elles et qui n'auraient pas été réglés par voie diplomatique, seront soumis à la Cour permanente d'arbitrage établie par la Convention du 29 juillet 1899, à La Haye, à la condition toutefois qu'ils ne mettent en cause, *ni les intérêts vitaux, ni l'indépendance ou l'honneur*

(1) Voir annexe n° 1, *La Convention avec l'Espagne.*

des deux États contractants et qu'ils ne touchent pas aux *intérêts de tierces puissances.* »

En d'autres termes, si le différend porte sur une vétille, il sera soumis à l'examen de la Cour permanente, mais dans ce cas seulement. Peut-on dire que c'est là un document sérieux? Le gouvernement qui se sera préparé à la guerre et qui la voudra ne trouvera-t-il pas toujours que le différend touche à son honneur, à son indépendance ou à ses intérêts? Précisons par un fait historique. Nous savons combien fut futile le motif apparent de la guerre franco-allemande. Si Napoléon III avait voulu la guerre, n'aurait-il pas pu dire qu'un Hohenzollern sur le Rhin et un autre aux Pyrénées allaient constituer une menace constante pour l'indépendance de la France? Le roi Guillaume, de son côté, aurait pu voir dans le refus de laisser installer un des siens sur le trône d'Espagne un affront non seulement personnel, mais fait à son gouvernement. L'un et l'autre auraient alors considéré la Convention, si elle était conçue dans les termes que nous venons de rappeler, comme nulle et sans valeur.

Il résulte de ce que nous venons de dire que les puissances réunies à La Haye rejetèrent l'*Arbitrage obligatoire* comme absolument inapplicable. Si elles acceptèrent le principe de l'*Arbitrage facultatif*, ce fut dans des conditions qui ne changeaient rien aux errements suivis jusqu'à ce jour, dans des termes qui ne pouvaient les engager en rien et avec la ferme volonté de ne tolérer aucune immixtion étrangère dans la solution des affaires qui ne concernaient qu'elles seules.

La proposition relative à l'arbitrage, nous venons de le dire, avait subi un échec complet. La Conférence passa alors à l'examen de la deuxième proposition du programme : *Allègement du fardeau que les préparatifs en vue d'une guerre éventuelle font peser sur les peuples*; en d'autres termes, comment pourrait-on arriver à limiter les armements qui ruinent les nations ?

Quelques délégués lancèrent le mot de *désarmement.* Leur proposition ne trouva aucun écho ; personne n'en voulait ; on fit ressortir, en termes polis, que la pensée du désarmement était plus qu'une illusion, c'était un mensonge.

La Conférence s'occupa alors de rechercher les moyens qui permettraient de limiter cette folie des armements que tous les peuples subissent et déplorent sans pouvoir s'y soustraire, et qui constitue un danger pouvant conduire tous les gouvernements à la ruine.

La théorie était fort belle à soutenir, elle paraissait devoir réunir l'unanimité des suffrages ; il n'en fut pas ainsi lorsque s'ouvrit la discussion. Nous avons reproduit les paroles prononcées par lord Goschen, ministre de la marine anglaise, à la Chambre des députés quelques jours avant l'ouverture de la Conférence ; elles servirent de canevas à la thèse développée par les plénipotentiaires anglais. Ils acceptaient, mais pour l'avenir seulement, de réduire leurs constructions navales dans les mêmes proportions que les autres puissances. Cette promesse était un leurre qui consacrait la suprématie de la flotte anglaise sur les mers. L'Angleterre avait déjà donné à sa marine à peu près tout le développement qu'elle devait avoir ; de 1877 à 1898, elle avait engagé une dépense de 1,420 millions, avait lancé 40 cuirassés, alors que pendant le même temps les États-Unis n'avaient fait construire que 12 cuirassés, la France 11 et l'Allemagne 7. En admettant la proposition des délégués anglais, l'Angleterre aurait conservé une force maritime écrasante et supérieure à celle des trois plus grandes flottes réunies. La Conférence ne pouvait discuter sur cette base.

Les délégués allemands déclarèrent que si

les armements auxquels les nations avaient été entraînées, constituaient pour elles une charge trop lourde, elles n'avaient qu'à les diminuer ; il n'en était pas de même pour l'Allemagne ; son organisation militaire non seulement n'était pas pour elle au-dessus de ses forces, mais elle pouvait encore, sans danger, accroître son armée et sa flotte. D'ailleurs l'Allemagne se trouvait, par sa position géographique, dans une situation particulière. Si on pouvait admettre comme possible le désarmement d'une nation qui se trouvait à la périphérie du système des États européens, il ne saurait en être de même pour l'empire allemand qui, placé au centre de l'Europe, était attaquable à la fois de divers côtés, et c'était cette situation particulière qui l'obligeait à avoir, en permanence, un effectif considérable sous les armes pour répondre à toutes les éventualités.

Dans ces conditions, les plénipotentiaires allemands déclarèrent que si la Conférence décidait une réduction dans les armements, ils se refusaient à entrer dans cette voie qui serait toute au désavantage de l'Allemagne.

Les délégués français, quoique animés de sentiments essentiellement pacifiques, désirant profondément une réduction dans les dépenses militaires, ne s'avançaient dans la discussion qu'avec une prudence extrême. Ils savaient ce qu'il en avait coûté à la France de n'avoir été, en 1870, ni préparée, ni outillée en vue de la guerre. La paix signée, il y avait eu dans le pays un faible courant qui avait demandé des économies sur l'armée, mais il avait été écrasé par la volonté de la majorité de la nation ne voulant pas se résoudre à perdre dans le concert européen la situation de grande puissance, ne pouvant pas se résigner à renoncer à la revanche qui était alors dans tous les cœurs ; aussi le Parlement n'avait reculé devant aucun sacrifice pour donner au pays l'armée la plus forte que la population d'une part, la richesse nationale de l'autre, lui permettaient d'avoir. Ce fut cette solution qui fut considérée comme la plus sage, en donnant à la France la possibilité d'envisager avec sérénité les éventualités qui pourraient se produire. C'était l'opinion de Gambetta, qui nous a été donnée depuis par M. Charles Laurent.

« Je hausse les épaules quand j'entends des gens se plaindre que l'on entretienne une armée comme la nôtre, qu'on rebâtisse nos forts et qu'on transforme notre armement, sans avoir l'intention de se servir de tout cela au premier jour, c'est-à-dire dès que l'on sera prêt pour donner l'assaut à l'ennemi et reprendre ce qu'il nous a pris.

Changer cela? Désarmer? Employer aux plus nobles usages ou aux œuvres les plus utiles, comme les travaux publics, l'enseignement, l'agriculture ou les caisses de retraite tout l'argent que nous donnons maintenant au budget de la guerre? Nous pourrons reparler de cela plus tard, quand nos comptes seront réglés avec l'étranger, quand nous serons entre Français chez nous, tous réunis, sans absents, ni proscrits, ni annexés.

Jusqu'alors gardons nos armes, toutes nos armes et même augmentons encore la valeur et le nombre de celles que nous avons.

Le désarmement ? C'est bien simple, que messieurs les vainqueurs commencent. »

Nos vainqueurs n'ont pas commencé, tout au contraire ; tous les jours ils renforcent leur armée ; nous les avons suivis dans cette voie, autant que notre population bien plus restreinte nous a permis de le faire.

Devant l'opposition formulée par l'Angleterre et le refus de l'Allemagne à entamer toute discussion se rapportant à la limitation des armements, la proposition ne pouvait recevoir aucune suite, aussi les délégués se bornèrent-ils à émettre ce vœu platonique : « La Conférence estime que la limitation progressive des armements qui pèsent actuellement sur le monde est grandement désirable pour l'accroissement du bien-être moral et matériel de l'humanité. » Ce vœu fut adopté à l'unanimité, le contraire aurait lieu de nous surprendre.

L'insuccès était complet, c'est ce que dut reconnaître, à la Chambre des lords, lord Sanderson, ancien ministre de la guerre : « Diverses propositions, dit-il, furent soumises à la Conférence et furent examinées avec soin, mais finalement on dut renoncer à trouver une formule qui n'entraînerait aucune ambiguïté et qui serait équitable envers toutes les puissances ; même si l'on eût trouvé cette formule, on n'aurait pas pu assurer qu'elle fût observée, sans un contrôle que les puissances ne voudraient pas accepter ».

Une convention ne comportant aucun contrôle et même une sanction doit forcément être sans valeur. Quelle est ou quelles sont les nations qui auraient accepté l'éventualité d'un conflit armé pour assurer l'exécution d'une convention? Ne voyons-nous pas tous les jours les gouvernements voulant oublier qu'ils ont signé des traités pour fuir une guerre? L'Histoire en fournit de nombreux exemples; il nous suffira d'en citer un tout récent.

Le 1er juillet 1898, il était signé à Berlin un traité portant : « Le gouvernement chinois, dans le but de procurer à l'Angleterre un port utilisable sur le territoire de la Chine et de permettre à cette puissance d'assurer une meilleure protection au commerce anglais dans les mers voisines, consent à remettre au gouvernement anglais Weï-Haï-weï, ainsi que les eaux voisines, *aussi longtemps que Port-Arthur sera occupé par les Russes* ». Les Russes ne sont plus à Port-Arthur, les Anglais n'ont pas évacué Weï-Haï-weï, et aucune nation ne leur demande de se conformer aux prescriptions du traité de Berlin. Le résultat des travaux de la Conférence sur ce point a donc été borné à un vœu appelant l'attention des gouvernements sur la grande importance que la question du désarmement avait pour le bien-être moral et matériel de l'humanité, ce que les gouvernements n'ignoraient certainement pas.

La troisième question que la Conférence de La Haye devait discuter était plus modeste, elle devait être l'objet pour les délégués de moins de discours brillants, elle intéressait moins aussi les populations et cependant c'était la seule comportant des résultats pratiques.

Elle avait été formulée ainsi : *Rechercher par quels moyens on pourrait arriver à diminuer les malheurs qui sont la conséquence de la guerre.*

Ce n'était pas là un problème nouveau ; les puissances s'en étaient déjà préoccupées ; elles avaient signé, le 22 août 1864, la *Conven-*

tion de Genève. Par cette convention le bénéfice de la neutralité était donné aux ambulances et aux hôpitaux militaires, ainsi qu'à toutes maisons dans lesquelles seraient recueillis et soignés des blessés, qui devront être protégés et respectés par les belligérants aussi longtemps qu'il s'y trouvera des malades et des blessés. Le privilège de la neutralité était en outre étendu à tout le personnel employé dans les hopitaux, ambulances et même les maisons particulières transformées momentanément en ambulances.

La guerre de 1870 avait démontré la nécessité de reviser cette Convention ; la proposition en fut faite par le gouvernement russe, « dans le but de mettre les dispositions actuellement en vigueur en concordance avec les conditions des batailles d'aujourd'hui, les grandes masses de combattants exigeant un secours prompt et largement organisé ». La Russie proposait notamment d'admettre la participation au secours sanitaire des Sociétés privées, porté sur les champs de bataille avec leurs propres moyens de transport et des médecins étrangers jouissant de la protection du signe de la Croix-rouge, la création d'un *Bureau international de la Croix-rouge*, reconnu par toutes les puissances et établi sur les principes du droit international, pour régler toutes les questions concernant les assistances et secours sanitaires volontaires pendant la guerre.

La Conférence se refusa absolument à entreprendre cette étude, « soit parce que la refonte intégrale des textes de 1864 lui paraissait pour le moment devoir soulever trop de complications et amener peut-être un échec de l'œuvre tout entière, soit parce qu'elle n'avait pas parmi ses membres les compétences médicales indispensables pour une entreprise de ce genre » (1).

Finalement, les délégués se bornèrent à

(1) Mérignhac, *Les lois et coutumes de la guerre.*

émettre le vœu suivant qui figure dans l'acte général de la Conférence : « La Conférence, prenant en considération les démarches préliminaires faites par le gouvernement fédéral suisse pour la revision de la Convention de Genève, émet le vœu qu'il soit procédé à bref délai à la réunion d'une Conférence spéciale ayant pour objet la revision de cette Convention ». Il fut donc décidé que les obligations des belligérants concernant le service des malades et blessés continueraient à être réglées par la Convention du 22 août 1864, sauf les modifications dont celle-ci pourra être l'objet (art. 21).

Conformément au vœu formulé à la Conférence de La Haye, le Conseil fédéral a invité les puissances à désigner des délégués pour une Conférence qui se tiendrait à Genève, dans le courant de l'année 1906, avec mission de reviser la Convention de 1864, en tenant compte des expériences faites au cours des quarante dernières années.

La Convention revisée porte la date du 6 juillet 1906 ; nous en donnons le texte dans l'annexe n° 2. Comme dispositions nouvelles, elle contient :

— Des mesures de *protection contre les maraudeurs* des champs de bataille ;

— Une recherche plus exacte de l'*identité des morts* ;

— L'assimilation conditionnelle des *secours* dits *volontaires* au personnel sanitaire officiel ;

— La prescription que les formations sanitaires militaires tombées au pouvoir de l'ennemi n'arboreront *pas d'autre drapeau que celui de la Croix-rouge*, aussi longtemps qu'elles se trouveront dans cette situation ;

— La *répression* légale de l'*usage abusif de l'emblème* de la Croix-rouge.

Pour que cette convention devienne exécutoire, elle n'attend plus que la ratification des puissances. Puisse-t-elle ne pas se faire trop longtemps attendre !

Sur la proposition de la Russie s'était réunie, en 1868, à Saint-Pétersbourg une commission militaire internationale comprenant des délégués de toutes les grandes puissances, dans le but d'examiner la convenance d'interdire l'usage de certains projectiles, en temps de guerre, entre les nations civilisées et de fixer les limites techniques où les nécessités de la guerre doivent s'arrêter devant les exigences de l'humanité.

Après de longues discussions les délégués signèrent le 11 décembre la convention suivante :

« Considérant que les progrès de la civilisation doivent avoir pour effet d'atténuer autant que possible les calamités de la guerre ;

Que le seul but légitime que les États doivent se proposer durant la guerre est l'affaiblissement des forces militaires de l'ennemi ;

Qu'à cet effet il suffit de mettre hors de

combat le plus grand nombre d'hommes possible ;

Que ce but serait dépassé par l'emploi d'armes qui aggraveraient inutilement les souffrances des hommes mis hors de combat ou rendraient leur mort inévitable ;

Que l'emploi de pareilles armes serait dès lors contraire aux lois de l'humanité :

Les parties contractantes s'engagent à renoncer mutuellement, en cas de guerre entre elles, à l'emploi, par leurs troupes de terre ou de mer, de tout projectile d'un poids inférieur à 400 grammes qui serait ou explosible ou chargé de matières fulminantes ou inflammables. »

En 1874, une nouvelle conférence internationale se réunit à Bruxelles ; d'après son programme, elle devait établir une réglementation des lois de la guerre. Un projet de déclaration fut élaboré ; il comprenait 56 articles, mais il ne fut même pas mis en délibération, certains États redoutant de se voir enlever, par une réglementation trop minutieuse des lois de la guerre, toute force de résistance. La conférence se sépara après avoir émis le vœu que, dans le but de diminuer les horreurs de la guerre, il y avait lieu de placer « les populations et les belligérants sous la sauvegarde et sous l'empire des principes du droit des gens, tels qu'ils résultent des usages établis entre les nations civilisées, des lois de l'humanité et des exigences de la conscience publique ».

Le programme élaboré à Bruxelles aurait pu servir de base aux délibérations de la Conférence de La Haye, mais il semble qu'après l'enterrement des questions de l'arbitrage et du désarmement, la recherche des moyens qui permettraient d'arriver à diminuer les malheurs qui sont la conséquence de la guerre n'avait plus, pour les délégués, qu'une importance secondaire.

A peu près sans discussion, furent votées trois déclarations interdisant :

L'emploi des projectiles qui ont pour but unique de répandre des gaz asphyxiants ou délétères ;

Le lancement de projectiles ou d'explosifs du haut des ballons ou par d'autres modes analogues nouveaux ;

L'emploi de balles qui s'épanouissent et s'aplatissent facilement dans le corps humain, telles que les balles à enveloppe dure, dont l'enveloppe ne couvrirait pas entièrement le noyau ou serait pourvue d'incisions.

La Grande-Bretagne refusa de signer ces trois déclarations ; le Portugal rejeta celle relative aux balles expansives, et les États-Unis n'adhérèrent qu'à celle relative aux projectiles et explosifs lancés du haut des ballons.

En outre de ces trois déclarations, la Conférence a élaboré un règlement codifiant les lois et coutumes de la guerre sur terre.

Ce document fort important mériterait

d'être longuement étudié, nous renverrons le lecteur au savant ouvrage de M. Mérignhac, ayant pour titre : *Les lois et coutumes de la guerre sur terre.* Nous bornerons notre étude à l'examen des principaux articles.

Par son article premier le règlement reconnaît la qualité de *belligérants* :

Aux milices et aux corps de volontaires réunissant les conditions suivantes :

1° Avoir à leur tête une personne responsable pour ses subordonnés ;

2° Avoir un signe distinctif fixe et reconnaissable à distance ;

3° Porter les armes ouvertement ;

4° Se conformer aux lois et coutumes de la guerre.

La qualité de belligérants est même reconnue à la population d'un territoire non occupé, qui, à l'approche de l'ennemi, prend spontanément les armes pour combattre l'invasion sans avoir eu le temps de s'organiser, si elle respecte les lois et coutumes de la guerre.

Si ces dispositions avaient été appliquées durant la guerre franco-allemande, nous n'aurions pas à déplorer les faits qui sont à l'esprit de tous et sur lesquels nous n'avons pas à insister.

Si l'Angleterre avait voulu se souvenir qu'elle les avait approuvées à la Conférence de La Haye, nous n'aurions pas vu lord Roberts refuser de reconnaître comme combattants réguliers, les partis boers composés de moins de 20 personnes sous peine d'un emprisonnement qui ne devait pas être inférieur à vingt années de détention et même sous peine de mort, et lord Kitchener faire fusiller les chefs boers Lotter et Scheepers.

Le règlement précise ensuite les droits et les devoirs des prisonniers de guerre.

Les prisonniers doivent être traités, pour la nourriture, le couchage et l'habillement sur le même pied que les troupes du gouvernement qui les a capturés. Ils ne doivent pas être l'objet de règlements spéciaux ; les lois, règlements et ordres en vigueur dans l'armée de l'État au pouvoir duquel ils se trouvent, leur sont applicables.

Les prisonniers évadés qui seraient repris avant d'avoir pu rejoindre leur armée ou avant de quitter le territoire occupé par l'armée qui les aura capturés, sont passibles de peines disciplinaires. Ceux qui, après avoir réussi à s'évader, sont de nouveau faits prisonniers, ne sont passibles d'aucune peine pour la faute antérieure.

La signature du « revers » qui, en 1870, a été considérée comme une faute contre le devoir militaire, les règlements en vigueur alors disant qu'en aucun cas les officiers ne doivent séparer leur sort de celui de la troupe, est autorisée, sous la garantie de l'honneur personnel des intéressés de remplir les engagements qu'ils ont contractés pour être mis en liberté sur parole. Les gouvernements sont même tenus de n'exiger, ni accepter aucun service contraire à la parole donnée. Après avoir défini le rôle et les devoirs des parlementaires, la convention donne les dispositions concernant les espions. Elle dit à ce sujet que les militaires non déguisés qui ont pénétré dans la zone d'opération de l'armée ennemie à l'effet de recueillir des informations ne sont pas considérés comme des espions.

De même ne sont pas considérés comme espions, les militaires et les non-militaires accomplissant ouvertement leur mission, chargés de transmettre des dépêches destinées soit à leur propre armée, soit à l'armée ennemie. A cette catégorie appartiennent également les individus envoyés en ballon pour transmettre les dépêches et, en général, pour entretenir les communications entre les diverses parties d'une armée ou d'un territoire.

Enfin l'espion pris sur le fait ne pourra

être puni sans jugement préalable, et celui qui, ayant rejoint l'armée à laquelle il appartient, est capturé plus tard par l'ennemi, est traité comme prisonnier de guerre et n'encourt aucune responsabilité pour ses actes d'espionnage antérieurs.

Le règlement élaboré à La Haye donne ensuite un exposé des droits des belligérants durant les hostilités. Les belligérants n'ont pas un droit illimité quant au choix des moyens de nuire à l'ennemi.

Outre les prohibitions établies par des conventions spéciales, il est notamment interdit :

a. D'employer du poison et des armes empoisonnées ;

b. De tuer ou de blesser par trahison des individus appartenant à la nation ou à l'armée ennemie ;

c. De tuer ou de blesser un ennemi qui, ayant mis bas les armes ou n'ayant plus les moyens de se défendre, s'est rendu à discrétion ;

d. De déclarer qu'il ne sera pas fait de quartier ;

e. D'employer des armes, des projectiles ou des matières propres à causer des maux superflus ;

f. D'user indûment du pavillon parlementaire, du pavillon national ou des insignes militaires et de l'uniforme de l'ennemi, ainsi que des signes distinctifs de la Convention de Genève ;

g. De détruire ou de saisir des propriétés ennemies, sauf le cas où ces destructions ou ces saisies seraient impérieusement commandées par les nécessités de la guerre.

— Il est interdit d'attaquer ou de bombarder des villes, villages, habitations ou bâtiments qui ne sont pas défendus.

— Le commandant des troupes assaillantes avant d'entreprendre le bombardement, sauf le cas d'attaque de vive force, devra faire tout ce qui dépend de lui pour en avertir les autorités.

— Dans les sièges ou bombardements toutes les mesures nécessaires devront être prises pour épargner, autant que possible, les édifices consacrés aux cultes, aux arts, aux sciences et à la bienfaisance, les hôpitaux et les lieux de rassemblement des malades et des blessés, à la condition qu'ils ne soient pas employés en même temps à un but militaire.

— Il est interdit de livrer au pillage même une ville prise d'assaut.

Enfin le règlement se termine en fixant les droits de l'autorité militaire sur le territoire de l'État ennemi.

— Il est interdit de forcer la population d'un territoire à prendre part aux opérations militaires contre son propre pays.

— L'honneur et les droits de la famille, la vie des individus et la propriété privée ainsi que les convictions religieuses et l'exercice des cultes doivent être respectés.

La propriété privée ne peut être confisquée.

— Le pillage est formellement interdit.

— Aucune peine collective, pécuniaire ou autre, ne pourra être édictée contre les populations à raison de faits individuels dont elles ne pourraient être considérées comme solidairement responsables.

— Aucune contribution de guerre ne sera perçue qu'en vertu d'un ordre écrit et sous la responsabilité d'un général en chef.

Pour toute contribution un reçu sera délivré aux contribuables.

— Des réquisitions en nature et des services ne pourront être réclamés des communes et des habitants que pour les besoins de l'armée d'occupation. Ils seront en rapport avec les ressources du pays et de telle nature qu'ils n'impliquent pas pour les populations l'obligation de prendre part aux opérations de la guerre contre leur patrie.

— Les biens des communes, ceux des établissements consacrés aux cultes, à la charité et à l'instruction, aux arts et aux sciences, même appartenant à l'État, seront traités comme la propriété privée. Toute saisie, destruction ou dégradation intentionnelle de semblables établissements, de monuments historiques, d'œuvres d'art et de science, est interdite et doit être poursuivie.

Comme on le voit, ce document, dont nous donnons les parties essentielles, est d'une haute importance ; on peut lui reprocher cependant d'être incomplet. Il n'a pas codifié les lois qui régissent la neutralité. Les plénipotentiaires se sont bornés à émettre le vœu suivant : « La Conférence émet le vœu que la question des droits et des devoirs des neutres soit inscrite au programme d'une prochaine conférence ».

Mais ce qu'il faut surtout reprocher à cette convention, c'est de ne pas être un document dont l'exécution soit obligatoire. Les trois déclarations sont obligatoires pour les puissances, le règlement sur les lois de la guerre ne l'est pas ; il ne constitue, pas plus dans la forme que dans le fond, la reconnaissance d'un droit au profit du vainqueur, ni l'obligation d'un devoir.

D'après M. Mérignhac, « c'est en vertu d'une opinion qui a fini par triompher dans la conférence et suivant laquelle la matière se prêtait difficilement à une convention proprement dite, s'agissant en effet de donner des ordres aux forces armées des divers États, de déterminer comment elles devaient se conduire en temps de guerre et de quels actes elles auraient à s'abstenir, il a semblé préférable que chaque gouvernement intervînt d'une manière directe ».

On a donc laissé à chaque gouvernement la faculté de donner les instructions spéciales nécessaires pour rendre ce règlement applicable à son armée. Cette latitude fait que les gouvernements sont libres d'appliquer ou de ne pas appliquer le règlement, et même d'en dénaturer l'esprit.

Le gouvernement français, par décret en date du 28 novembre 1900, a accepté, dans son entier, la teneur de cette convention; nous avons le regret de constater qu'il n'en a pas été de même de la part de nos adversaires d'au delà des Vosges.

Dans une brochure publiée en 1905, sous le titre de: Kriegsbrauch in Landkriege (Les usages de la guerre dans la guerre continentale), le grand État-major allemand, après avoir dit que tous les efforts tentés pour donner à la guerre un caractère humain et anodin sont en contradiction absolue avec l'esprit et le but de la guerre, s'élève contre les propositions humanitaires auxquelles tendent les conférences ouvertes dans ces dernières années, notamment celle de La Haye; il explique aux officiers que certaines rigueurs sont inhérentes à la guerre même et va jusqu'à dire que « dans l'emploi impitoyable de violences nécessaires, réside souvent la seule et vraie humanité ».

Il reconnaît le droit de fusiller les prisonniers non seulement en cas de rébellion, mais pour tentatives d'évasion et même par mesure de représailles, quand l'ennemi s'est livré à d'autres excès, ou bien encore lorsque, dans des circonstances pressantes, on ne peut nourrir ou garder les prisonniers sans mettre en jeu sa propre existence.

Le grand État-major admet le droit d'obliger une personne, « même non belligérante, à livrer des renseignements sur les troupes de son propre pays, sur leurs mouvements, sur leurs secrets militaires ». Il convient cependant que de pareils procédés sont condamnés par toutes les nations. « Néanmoins on ne pourra pas toujours s'en dispenser ; on les emploiera sans doute à regret, mais *les exigences de la guerre forceront souvent d'y avoir recours* . »

Le document officiel va plus loin encore lorsqu'il parle des moyens de coercition à employer ; nous devons reproduire le texte :

« Quand on est en pays ennemi et que l'on n'a aucun moyen d'obtenir des renseignements sur l'adversaire, il peut être bon de recourir à un expédient dur et cruel sans doute, mais néanmoins fort utile.

On jette son dévolu sur un habitant notable, qui a femme et enfants, maison et grange, on lui donne pour compagnon un homme à soi, intelligent, parlant la langue du pays, capable de jouer auprès de l'autre le rôle de domestique. Puis on oblige le notable à se rendre au camp de ses compatriotes sous prétexte de quelque réclamation et en faisant passer son compagnon pour son valet ou son cocher. On l'avertit que s'il ne ramène pas celui-ci sain et sauf, *sa femme et ses enfants seront massacrés, sa maison pillée et livrée aux flammes* ».

Nous retrouvons les procédés mis en pratique durant la guerre franco-allemande : des francs-tireurs, des hommes défendant leurs foyers, fusillés sans jugement, l'ennemi ne leur reconnaissant pas la qualité de belligérants ; de notables habitants forcés de monter sur les locomotives ; des propriétés privées saccagées et pillées parce que le propriétaire français était soupçonné avoir donné abri à des Français ; les populations terrorisées par l'envoi en captivité d'habitants dont le seul crime était de maudire dans leur cœur la guerre et l'envahisseur.

Combien on doit regretter que la Conférence de La Haye ne soit pas parvenue à faire accepter par toutes les nations un code des lois et usages de la guerre ; elle aurait fait œuvre utile à l'humanité, tandis que son œuvre a été absolument nulle en ce qui concerne les problèmes de l'arbitrage et le désarmement, et sans portée sur celui de la diminution des malheurs qui sont la conséquence de la guerre.

LA NOUVELLE CONFÉRENCE DE LA HAYE

Depuis la Conférence de La Haye deux événements de la plus grave importance se sont produits dans le monde : la guerre du Transvaal et la guerre russo-japonaise.

L'Angleterre, oubliant les idées de paix et d'humanité développées à la Conférence, s'est ruée sans pitié sur les républiques sud-africaines ; l'Europe n'a pas écouté les supplications du vieux président Krüger allant de Cour en Cour pour implorer une médiation, assistant, avec impassibilité, à l'agonie et à la mort d'un peuple valeureux entre tous, combattant pour son indépendance.

Quelle est la nation qui, à ce moment-là, a parlé d'arbitrage?

Quelle est celle encore qui a élevé la voix lorsque la guerre a éclaté entre la Russie et le Japon?

Le Japon qui avait vaincu la Chine en 1894 avait été forcé d'accepter le traité de Simonosaki qui lui enlevait les bénéfices de ses victoires ; il avait dû rendre à la Chine le Liao-Toung, Port-Arthur et la Mandchourie méridionale ; il avait vu ensuite, avec douleur, ces territoires partiellement cédés à la Russie. La rage au cœur, le peuple nippon voyait cette puissance prendre une prépondérance qui lui revenait en raison de ses succès, de sa situation, des affinités de race ; il se vit non seulement froissé dans son amour-propre, mais encore menacé dans son existence matérielle, ayant besoin de territoires nouveaux pour sa population trop à l'étroit chez elle. La guerre était devenue pour le Japon une nécessité et aucune décision d'une cour d'arbitrage n'aurait pu l'empêcher.

La Russie, de son côté, regardait la possession du golfe de Petchili comme la juste rémunération des énormes dépenses faites pour se créer des débouchés qu'elle ne pouvait avoir par l'Europe ; elle voyait dans la possession de Port-Arthur la récompense de ses efforts et la satisfaction de son ambition, qu'elle couvrait du nom de civilisation. C'est avec ces pensées qu'elle avait rejeté le traité qui lui fut présenté, en 1902, par le marquis Ito et qu'elle ne répondit que tardivement et évasivement aux quatre notes successives du Japon. Dans ce conflit il s'agissait moins de la Corée et de la Mandchourie que de la prépondérance que l'une et l'autre des deux nations voulait avoir. C'est d'ailleurs ce qu'au lendemain de l'ouverture des hostilités reconnut, dans une interview qui n'a pas été démentie, le vicomte Hayashi, ambassadeur du Japon à Londres. Comme on lui faisait remarquer que la Russie avait déjà fait beaucoup de concessions, il répondit : « Quand bien même la Russie aurait concédé 99 p. 100 de nos demandes, si elle n'avait pas fait droit au point essentiel, le Japon ne se serait pas déclaré satisfait ». Ce point essentiel était la prépondérance; c'était le nœud gordien de la question, la force seule pouvait le trancher.

M. de Cyon, homme politique très en vue en Russie, à la date du 10 mai 1904, par conséquent trois mois après l'ouverture des hostilités, écrivait une lettre au tzar, l'adjurant de soumettre le problème mandchourien au jugement du tribunal de La Haye; il ajoutait que le souci de sa propre gloire, le salut de la Russie, l'avenir du monde civilisé dépendaient, à son avis, d'une solution pacifique du conflit. Non seulement le tzar Nicolas, le provocateur de la Conférence de La Haye, ne tint aucun compte de ces sages conseils, mais cette lettre accentua la disgrâce du diplomate russe.

Peu de temps après, le 2 octobre 1904, le président de la Société de l'arbitrage international s'adressait au gouvernement anglais, lui demandant de s'entendre avec le gouvernement français pour assumer, à cette heure suprême, le fardeau des responsabilités internationales, le suppliant d'intervenir dans l'intérêt de la paix du monde et de la civilisation moderne pour faire cesser les hostilités meurtrières et dévastatrices qui mettaient aux prises les armées russes et japonaises. Lord Lansdowne lui répondit qu'il ne voulait et ne pouvait offrir ses bons services sans y être invité par l'un des belligérants.

N'avons-nous pas vu encore pendant de longs mois la presse du monde entier mener une campagne vigoureuse pour demander aux nations de ne pas rester indifférentes devant les effroyables massacres de la Mandchourie et, malgré cette insistance, aucun gouvernement ne prit l'initiative de proposer l'arbitrage. Ce n'est que lorsque les succès des Japonais et l'écrasement des Russes sont devenus irrévocablement définitifs à la suite des batailles de Moukden et de Tsoushima, c'est lorsque la Russie voit la révolution grandir et menacer l'existence du tsarisme, que le Japon voit son dernier homme sous les armes, ses arsenaux vides et son crédit épuisé, que, d'un côté comme de l'autre, il fallut bien reconnaître que la continuation de la lutte était devenue impossible et qu'avec empressement et satisfaction, les deux partis acceptèrent, sans conditions préalables, la proposition du président Roosevelt.

Il est intéressant, au point de vue de l'idée de l'arbitrage, de reproduire les termes de l'acceptation du Japon, qui ont été publiés par la légation japonaise de Londres, le 16 juin 1905 :

« Le gouvernement impérial a examiné très sérieusement la proposition du Président des États-Unis renfermée dans la note que le ministre des États-Unis a remise le 9 juin au ministre des affaires étrangères.

Étant donné le sens de cette proposition et sa source, elle méritait que l'on s'en occupât très sérieusement.

Étant désireux, dans l'intérêt du monde entier, comme dans celui du Japon, de voir rétablir la paix avec la Russie à des conditions qui en garantissent pleinement la stabilité, le gouvernement impérial, en réponse à la proposition du Président, nommera des plénipotentiaires japonais, à l'effet de se rencontrer avec les plénipotentiaires russes, au moment et dans le lieu qui pourront être réciproquement agréables, afin de négocier et de conclure des conditions de paix, *directement* et *exclusivement* entre les deux puissances ».

Il importe de relever les mots : *directement* et *exclusivement* qui rejettent, de la part du Japon, un des États signataires de la Convention de La Haye, toute immixtion étrangère pour une médiation ou un arbitrage.

Comme nous l'avons vu, la Conférence de La Haye avait été un échec complet, surtout sur les deux points importants : l'arbitrage et le désarmement. Malgré cet échec, l'Union interparlementaire des amis de la paix ne désespérait pas de mener son œuvre à bonne fin; elle continuait avec ardeur sa propagande pacifique, se réunissait toujours annuellement, et c'est dans la réunion qui se tint, en 1904, à Saint-Louis, à l'occasion de la grande exposition de cette ville, que les délégués des Parlements des États-Unis et d'Europe votèrent à l'unanimité, moins deux voix, la résolution suivante :

« L'opinion publique éclairée et la civilisation moderne demandant que les différends entre les nations soient tranchés et réglés de la même façon que les différends entre particuliers, c'est-à-dire par les jugements des tribunaux en accord avec les principes de droit reconnus, cette assemblée demande aux gouvernements du monde entier d'envoyer des délégués à une conférence internationale qui se tiendra en un lieu et à une date à préciser par eux, dans le but d'examiner :

1° Les questions pour l'examen desquelles la Conférence de La Haye a exprimé le désir de convoquer une nouvelle Conférence ;

2° Les négociations de traités d'arbitrage entre les nations qui seront convoquées à la Conférence ;

3° L'utilité d'établir un congrès international qui sera convoqué périodiquement pour la discussion des questions internationales.

Cette assemblée prie respectueusement et cordialement le Président des États-Unis d'inviter toutes les nations à envoyer des représentants à une telle conférence. »

Comme on le voit, l'Union interparlementaire avait l'intention de faire remettre en discussion le principe de l'arbitrage repoussé à La Haye.

Cette résolution fut remise au Président Roosevelt, le 24 septembre 1904, par une députation de l'Union interparlementaire.

Le Président accepta la tâche qui lui était offerte. Il trouvait naturel, dit-il, que le chef du pouvoir exécutif de la nation qui avait fait bon accueil et donné l'hospitalité au Congrès, accueillit ces déclarations d'une façon qui était d'ailleurs conforme aux désirs du gouvernement et du peuple américains.

Le 31 octobre, M. John Hay, ministre des affaires étrangères des États-Unis, envoyait à tous ses ambassadeurs à l'étranger une dépêche relative à la convocation d'une nouvelle Conférence à La Haye ; il leur prescrivait d'en donner connaissance au ministre des affaires étrangères du gouvernement auprès duquel ils étaient accrédités et de demander dans quelle mesure ce gouvernement serait disposé à agir dans le même sens.

Les propositions à discuter dans cette nouvelle conférence étaient formulées d'une manière assez vague ; il n'y était pas question de l'arbitrage, comme le demandait la déclaration de l'Union interparlementaire, mais simplement de mener à bonne fin l'œuvre commencée lors de la première Conférence de La Haye et d'examiner les points laissés en suspens sous la réserve qu'ils feraient l'objet d'une nouvelle Conférence; on disait encore qu'il y aurait lieu d'étudier les droits et les devoirs des neutres ainsi que la question de l'inviolabilité de la propriété privée dans une guerre navale, questions que la guerre russo-japonaise venait de soulever. Le ministre John Hay, comprenant que le programme de la Conférence était mal défini, ajoutait dans sa dépêche : « Si le gouvernement auprès duquel vous êtes accrédité s'inquiétait des propositions relatives aux questions devant être soumises à la seconde Conférence de la paix, vous lui diriez qu'à ce moment il semblerait prématuré de joindre à la simple invitation faite, un programme défini des sujets à discuter. C'est seulement par une comparaison des vues qu'un accord général peut être obtenu, au sujet des questions qui peuvent être examinées par la nouvelle Conférence ».

Voilà donc une Conférence qui est convoquée sans avoir un programme précis des questions qui y seront discutées ; ne semble-t-il pas que le gouvernement des États-Unis se soit préoccupé bien plus de tenir la promesse faite à l'Union interparlementaire que des résultats à obtenir? . . . .

L'accueil fait par les puissances à la proposition Roosevelt fut nécessairement poli, mais froid.

L'Autriche fut le premier gouvernement qui accepta de prendre part à la Conférence. Le comte Tizza, président du conseil des ministres, répondant à une interpellation, fit connaître dans quelles conditions le gouvernement avait accepté cette invitation : « L'initiative du Président des États-Unis ne peut aboutir à un succès que si toutes les grandes puissances y répondent.

Le moment actuel n'est malheureusement

pas favorable à cette condition. Cela ne veut pas dire que nous laissions tomber l'idée de la proposition ; cela signifie seulement que nous lui donnerons une solution au moment opportun et que nous nous efforcerons de préparer la voie de ce moment favorable. »

La Russie exprima l'avis que tout en approuvant cordialement la proposition du Président Roosevelt, elle considérait le moment inopportun et demandait que la Conférence fût renvoyée jusqu'après la conclusion de la paix. Depuis elle ne semble pas avoir mis beaucoup d'empressement à répondre, si nous nous en rapportons à la démarche faite par les congressistes de Milan, au mois d'octobre dernier, qui, avant de se séparer, ont adressé une supplique au Président Roosevelt, le priant d'intervenir personnellement auprès du tzar pour lui demander de ne pas retarder la réunion de la deuxième Conférence intergouvernementale de La Haye qu'il avait désiré voir reporter après la fin de la guerre. Depuis le tzar a fait connaître son acceptation. A l'heure même où nous écrivons, M. de Martens, un des diplomates les plus distingués de la Russie, parcourt l'Europe pour engager des pourparlers préliminaires avec les divers gouvernements. M. de Martens ne se fait certainement aucune illusion sur les difficultés qui surgiront à La Haye. N'est-ce pas lui qui tout récemment disait : « Il est plus aisé pour les peuples de s'ouvrir une route à travers les montagnes qui les séparent que de franchir les barrières séculaires que dressent entre eux les préjugés. Il est cependant certain que nous ferons quelque chose. »

Que sera ce quelque chose ? Se rapportera-t-il à l'arbitrage obligatoire ou au désarmement ? Voilà ce que l'humanité désire et qui est malheureusement douteux.

La France a accepté de se rendre à la Conférence. Le gouvernement, dans la déclaration qu'il a faite au Parlement le 5 novembre dernier, nous a dit quels sont les sentiments qui l'animeront dans les discussions qui y seront soulevées : « Quand la paix du monde civilisé se fonde sur la force des armes, comment pourrions-nous désarmer, c'est-à-dire détruire de nos propres mains la suprême garantie de notre indépendance? Jusqu'au jour heureux, mais incertain, où le régime de l'ordre entre les nations pourra être changé, notre premier devoir envers la patrie est de ne laisser affaiblir, dans aucun de ses éléments, sa puissance défensive ».

L'Allemagne consent à se rendre à la Conférence, mais à la condition expresse que ni la question de l'arbitrage, ni celle du désarmement, ni celle de la réduction des forces de terre et de mer n'y soient discutées. Les paroles prononcées par l'empereur Guillaume à l'ouverture du Reichstag, le 18 février 1907, ne semblent pas devoir nous faire espérer un Changement dans son opinion ; l'Allemagne se rend à la seconde Conférence de La Haye pour « continuer l'œuvre de la première Conférence », et nous avons vu combien furent de peu d'importance les résultats obtenus en 1899. Nous devons donc nous attendre à une opposition formelle des délégués allemands si des plénipotentiaires veulent ouvrir la discussion sur l'arbitrage obligatoire ou sur le désarmement. C'est l'échec de la nouvelle Conférence sur les points les plus essentiels.

Le rôle de l'Angleterre est moins net, plus difficile à définir. Tout d'abord cette puissance avait accepté simplement de se rendre à La Haye ; plus tard elle semble vouloir faire montre d'idées pacifistes. Le 22 décembre 1905, Sir Edward Grey, au nom du gouvernement, répondait en ces termes, à une interpellation : « Comme la politique de l'entretien de vastes armements soutient cette idée que la force est la meilleure, sinon la seule solution des différends internationaux, l'une des plus hautes tâches qu'un homme d'État peut remplir consiste à régler les armements dans les conditions les plus heureuses ». Précisant cette formule assez vague, Sir Grey ajoutait que le gouvernement anglais pouvait prendre l'initiative de la limitation des armements à la Conférence de La Haye, pensant que le droit de cette proposition lu incombait en sa qualité de puissance ne préméditant aucun acte d'agression contre une autre puissance quelconque. Malheureusement cette proposition pacifique fut suivie d'une déclaration qui en diminua singulièrement la valeur : « Je crois qu'il n'y a jamais eu d'époque de notre histoire où la supériorité relative de la marine britannique ait été plus grande ».

Cette délicate question est revenue en discussion devant le Parlement, durant la session de mai 1906; on voulait savoir quelle suite serait donnée, à la Conférence de La Haye, aux paroles prononcées par Sir Grey. Successivement le ministre de la guerre, le ministre de la marine, le ministre des affaires étrangères et le Président du Conseil eurent à exprimer un avis sur la limitation des forces.

M. Haldane, sous-secrétaire d'État à la guerre, exposa devant la Chambre des lords et la Chambre des communes son projet de réorganisation de l'armée. L'Angleterre, dit-il, croyant à un prochain désarmement de toutes les puissances dont les charges militaires ne font qu'augmenter, veut prendre l'initiative du désarmement et donner ainsi le bon exemple; il ajouta que, comme preuve des intentions pacifiques du gouvernement, il allait supprimer dix bataillons d'infanterie, trois bataillons métropolitains et sept tenant garnison en dehors du Royaume-Uni; il regrettait de ne pouvoir diminuer l'artillerie, la cavalerie, ni l'armée des Indes. Cette réduction était mince ; elle était d'ailleurs illusoire puisque ce même ministre déclarait le même jour à la Chambre des communes : « La mise à exécution de mon plan augmentera de

50 p. 100 la force offensive de l'armée, qui, le cas échéant, pourra envoyer 150 000 hommes au lieu de 100 000 sur le continent ».

L'exposé nouveau des forces militaires de l'Angleterre ne pouvait avoir qu'un intérêt secondaire. On attendait avec une tout autre impatience de connaître les réductions qui seraient proposées par M. Robertson, ministre de la marine.

M. Robertson, dans sa déclaration, fit connaître son intention de supprimer du programme naval, deux « formidables » cuirassés, deux grands torpilleurs, deux petits torpilleurs et huit sous-marins représentant, sur le budget de l'année, une dépense de 37 millions ; cette réduction, dit-il, montrera aux congressistes de La Haye la bonne foi de l'Angleterre dans le désir manifesté par elle de limiter les armements. Ce désir ne lui avait pas été pénible à exprimer puisque, poussé par la discussion, il se vit contraint d'ajouter :

« Le conseil de l'Amirauté a été unanimement d'avis que, malgré ces réductions, nos forces resteront, quand même, telles que la suprématie navale nous restera acquise ». D'ailleurs s'il propose ces réductions, c'est parce que « les programmes étrangers n'accusent pas les progrès que l'Amirauté escomptait lorsque notre programme primitif a été établi. Leur examen a convaincu les lords de l'Amirauté que la balance des forces navales ne serait pas troublée par le programme modifié ».

Si on veut en effet établir une comparaison entre les forces navales de l'Angleterre, de la France et de l'Allemagne à ce moment-là : on constate que l'Angleterre, qui a déjà mis son programme presque complètement à exécution, allait pouvoir bientôt mettre en ligne 56 cuirassés déplaçant 759 680 tonnes et portant 224 canons de gros calibre, alors qu'au même moment la France n'aurait que 25 cuirassés d'un tonnage de 307 000 tonnes armés de 91 gros canons et l'Allemagne n'aurait que 25 cuirassés déplaçant 306 260 tonnes pourvus de 116 canons de gros calibre.

Au point de vue de la vitesse l'avantage resterait encore à l'Angleterre, qui aurait 27 cuirassés ayant une vitesse de 18 nœuds et au-dessus, alors qu'il n'y aurait que 15 cuirassés allemands et 11 cuirassés français pouvant atteindre cette rapidité.

Comme on le voit, en toutes choses, la flotte anglaise a, suivant la propre expression de l'Amirauté, une supériorité « écrasante », et ce n'est pas la diminution de deux unités, si formidables soient-elles, qui pourra réduire d'une manière sensible cette supériorité.

Le 25 mai, le lendemain même des déclarations faites par les ministres de la guerre et de la marine, le Parlement connut l'opinion du ministre des affaires étrangères et celle du premier ministre. Il est intéressant de les relater : « Je serais heureux, dit lord Fitz Maurice, sous-secrétaire d'État aux affaires étrangères, si les représentants des puissances qui se rencontreront l'année prochaine à La Haye contribuaient au mouvement de la réduction générale des armements, mais, quoique ce soient mes sentiments personnels, *je m'opposerai vigoureusement* à tout ce qui aurait la forme d'un contrat par lequel le gouvernement de ce pays s'engagerait à restreindre ses armements militaires et navals, jusqu'à une certaine limite. *Même si les autres puissances étaient disposées à se soumettre à de telles restrictions, je doute que le peuple de ce pays veuille les accepter* ».

Quant au premier ministre, Sir Campbell Bannermann, il n'hésita pas à dire, malgré les idées pacifistes qu'il n'avait cessé de prôner toute sa vie et l'appui antérieur qu'il avait donné aux travaux de la Conférence de La Haye, avant son entrée au ministère : « La force de l'Angleterre réside dans sa flotte, on ne peut toucher à ce qui fait la puissance du pays ; notre flotte doit rester intangible ».

On voit par là, sous quelles conditions l'Angleterre faisait la proposition de réduire ses armements ; on est alors porté à penser avec M. Balfour, ancien premier ministre : « il est réellement absurde de croire que les diplomates étrangers qui se rendront à La Haye croiront à votre désintéressement lorsque vous leur parlerez de réductions, ils savent fort bien que nous sommes et nous resterons les plus forts ».

L'Angleterre va donc à la Conférence avec la volonté bien arrêtée de ne pas laisser amoindrir sa suprématie maritime ; l'Allemagne a consenti à s'y rendre, mais après avoir nettement exprimé la pensée de ne laisser discuter ni la question de l'arbitrage, ni celle de la réduction des forces, et cependant l'Union interparlementaire de la paix, avec une persévérance qui l'honore, ne désespère pas de faire prévaloir ses idées pacifiques à la nouvelle Conférence de La Haye.

Au mois de juillet 1906, l'Union s'était

réunie à Londres dans le but de préparer la tâche de la Conférence.

Après avoir décidé de demander aux gouvernements de rendre effective l'organisation de la *Cour permanente d'arbitrage* prévue par l'article 20 de la Convention de 1899, durant trois jours, les discussions ont porté sur les deux points suivants :

Solution pacifique des conflits ;

Réduction des armements.

Sur le premier point, l'union s'est vue forcée d'admettre qu'il fallait renoncer à l'arbitrage obligatoire. Elle a recherché alors si la solution de la question ne se trouverait pas dans une enquête acceptée par les puissances, avant d'en arriver à l'appel aux armes. Nous examinerons plus loin cette proposition, mais, dès maintenant, disons qu'elle nous paraît absolument inacceptable.

La question de la réduction des armements a été ensuite abordée ; l'Union voudrait qu'elle fût inscrite dans le programme des travaux de la Conférence pour faire consacrer officiellement l'existence du problème et, en même temps, son importance ; et, finalement, dans sa dernière séance, tenue dans la matinée du 25 juillet, le vœu suivant fut adopté à l'unanimité :

« La Conférence interparlementaire, considérant que l'accroissement des dépenses navales et militaires qui pèsent sur le monde est universellement reconnu comme intolérable, émet formellement le vœu que la limitation des armements soit inscrite au programme de la prochaine Conférence de La Haye. La Conférence décide que chaque groupe faisant partie de l'Union interparlementaire saisira de cette résolution le gouvernement de son pays et qu'il exercera son action la plus pressante sur le Parlement auquel il appartient pour que la question de la limitation soit l'objet d'une étude nationale nécessaire au succès ultérieur de la discussion internationale. »

M. d'Estournelles de Constant, cet apôtre convaincu des idées pacifistes, a constaté avec une grande joie ce vote unanime ; il trouve « réellement impressionnante cette protestation catégorique contre l'accroissement des dépenses navales et militaires ».

Il ne se fait, il est vrai, aucune illusion sur le peu de cas que les gouvernements feront de cette protestation, mais il se console en pensant que « l'opinion publique les obligera, bon gré, mal gré, sans aucune exception, à mettre la question à l'étude avant six mois ».

Nous ne doutons pas que, sinon avant six mois, du moins avant six ans, l'opinion publique, en France, ne pousse le gouvernement à mettre à l'étude la question de la limitation des armements ; nous nous en réjouirons de grand cœur, mais entre la mise à l'étude d'un problème et sa solution de manière à satisfaire tous les intérêts, il y a loin ; la France ne peut agir que de concert avec les autres puissances. Dans tous les cas il nous paraît être démontré que la question de la limitation des armements comme celle de l'arbitrage ne pourront être discutées à la nouvelle Conférence de La Haye et qu'en les soulevant d'une manière inopportune, l'Union interparlementaire n'aura abouti qu'à démontrer son impuissance au moins momentanée.

Dans ces conditions, puisque la Conférence doit se réunir, il y a lieu de se demander s'il ne conviendrait pas de restreindre sa mission au rôle que voulait lui donner le Président Roosevelt dans l'invitation adressée aux puissances.

Nous avons déjà démontré combien il serait important de rendre obligatoire le règlement concernant les lois et les usages de la guerre.

Combien sont nombreuses encore les questions délicates qui réclament une solution.

On s'explique difficilement ce qui a fait

renoncer les puissances à l'emploi de tout projectile contenant des matières explosibles ou inflammables, lorsque son poids ne dépasse pas 400 grammes, alors qu'on peut en faire usage si le projectile est d'un poids supérieur.

On se demande vainement pourquoi il est interdit de lancer des projectiles ou des explosifs du haut des ballons, alors que l'on distingue nettement le but à frapper, que ce but soit un établissement militaire ou des troupes, et qu'il soit admis de couvrir les alentours d'une place, une route, un défilé, d'explosifs qui pourront atteindre des neutres longtemps même après la fin des hostilités.

Le règlement sur les lois et usages de la guerre ne concerne que l'armée de terre; n'y a-t-il pas nécessité d'établir un code analogue visant les guerres navales? Lorsque les hostilités ont pour théâtre la terre ferme, elles se produisent sur un terrain appartenant à l'un ou à l'autre des adversaires, les dégâts qu'elles entraînent ont été acceptés par les belligérants par le fait même de la déclaration de la guerre, mais dans une guerre maritime on voit les belligérants s'emparer de la mer comme si elle était leur propriété ; ils en chassent les navires de commerce de toutes les nations, sèment des torpilles que les courants emportent au loin exposant les vaisseaux neutres à une destruction complète, même longtemps après la fin des hostilités, sans qu'il soit possible d'établir les responsabilités.

Quinze mois après la fin de la guerre russo-japonaise, le journal *l'Écho de Chine* reproduisait une dépêche du journal japonais *Maïnichi* nous faisant connaître que le dragage des mines marines se continuait, qu'il était terminé dans les ports de Dalny et de Port-Arthur et allait commencer dans la baie. Le 20 octobre 1906, le steamer russe *Waryapin* a heurté une mine sous-marine égarée vers Wladivostock et a sombré ; 187 personnes ont péri.

Ne sommes-nous pas exposés à voir un jour le canal de Suez obstrué ou le détroit de Gibraltar fermé par un chapelet de torpilles qui arrêteraient, pour un temps indéterminé, le commerce de toutes les nations qui ne se sont intéressées en rien dans les événements militaires?

Ne faut-il pas encore que les droits et les devoirs des neutres soient réglés? Ne voyons-nous pas la Suisse, dont la neutralité a été proclamée par les traités de 1815 et la Belgique qui doit sa neutralité aux traités de Londres de 1831 et de 1839, croire si peu à l'efficacité de leur privilège, qu'elles ont élevé sur leur territoire de formidables forteresses et mis sur pied une armée proportionnellement aussi fort que celle des grandes puissances?

Les devoirs des neutres sont si peu définis que, durant la guerre du Transvaal, les Anglais ont pu recruter plus de 40 000 hommes en Amérique : ils ont même, malgré des protestations réitérées, établi un camp anglais, près de la Nouvelle-Orléans, et le gouvernement de Washington s'est refusé à ouvrir une enquête sur ce camp, comme le demandaient les autorités de la Louisiane.

Que de questions encore à élucider, notamment celle de la *contrebande de guerre* : n'est-il pas irrationnel de ne pas autoriser le commerce du charbon, des armes, des vivres et même parfois de médicaments et d'admettre les prêts d'argent sans lesquels la guerre ne pourrait se continuer?

Une Convention internationale ne devrait-elle pas encore régler les relations des correspondants des journaux avec les autorités militaires? Ils ne seraient pas ainsi exposés à être acceptés avec sympathie et bienveillance dans une armée et à être considérés comme des hommes malfaisants et dangereux dans une autre. (Voir Annexe 3.)

Nous concluons : la deuxième Conférence de La Haye doit renoncer à discuter des questions qui ne peuvent aboutir ; l'arbitrage et le désarmement sont de ce nombre, les délégués vont au-devant d'un échec ; ils ont assez de problèmes à résoudre pour faire une œuvre pratique et utile à l'humanité.

ARBITRAGE

Il semble que l'histoire de certains peuples pourrait s'écrire par l'histoire de leurs guerres. La guerre paraît avoir été pour eux une nécessité à laquelle ils n'ont pu se soustraire. Cependant lorsqu'on recherche les causes non apparentes mais réelles de ces luttes répétées, on arrive à se convaincre que si quelques-unes peuvent se justifier, le plus grand nombre ont été faites pour des motifs futiles, pour des rivalités mesquines, pour des ambitions injustifiées ou dans un intérêt dynastique. Les événements de tous les temps nous le prouvent. C'est un Alexandre voulant par ses victoires maintenir à la Macédoine sa suprématie ; c'est un César cherchant par de nouveaux succès à gagner les faveurs du peuple ; c'est un Napoléon affamé de gloire voulant être considéré comme le plus grand capitaine des temps anciens et modernes, et successivement, par eux, nous voyons le monde mis à feu et à sang. C'est avec raison que les philanthropes de tous les siècles ont maudit la guerre plus ou moins ouvertement suivant qu'ils avaient la liberté d'écrire et de parler; mais c'est aux philosophes du XVIIIe siècle, avec les idées de justice et d'humanité qui faisaient le fond de leurs doctrines, que revient l'honneur d'avoir été les premiers à demander la fin de ces massacres qui déshonorent les peuples civilisés.

L'abbé de Saint-Pierre, dans un écrit publié en 1713, ayant pour titre : *La paix perpétuelle*, flétrit toutes les guerres, chante les bienfaits qui résulteraient de l'union entre tous les peuples et demande l'alliance de tous les gouvernements basée sur le *statu quo* territorial tel qu'il a été donné par les derniers traités. L'abbé de Saint-Pierre fut le premier à proposer l'*arbitrage international* pour solutionner tous les conflits.

Quelques années plus tard l'abbé Galiani, soutenant la même thèse, écrivait que les progrès de la civilisation lui permettaient de pouvoir affirmer que dans cent ans, il n'y aurait plus de guerre ; les places fortes seraient devenues inutiles et leurs remparts transformés partout en belles promenades.

Le grand philosophe Kant, avec les sentiments de bienveillance et d'humanité qui l'animaient, n'a pas hésité à écrire que l'homme étant, par nature, essentiellement bon (?), il en concluait que l'entente entre les peuples lui paraissait facile à réaliser pour arriver à conquérir la paix universelle.

Ce sont les mêmes sentiments qui animèrent la *Constituante*, dans ses rêves d'idées généreuses, lorsque dans la séance du 14 mai 1790, elle exprima sa confiance dans la sagesse des nations pour décréter la paix universelle. Les événements ne tardèrent pas à lui montrer son erreur : moins de deux ans après, le 20 avril 1792, commençait une longue série de guerres qui dura près de vingt-cinq ans sans interruption.

L'épuisement qui fut, dans toutes les nations, la conséquence de cette longue suite de luttes, ramena les esprits vers les idées pacifiques. Il se forma, en Europe, de nombreuses sociétés pour la paix qui étendirent assez rapidement leur action pour pousser le roi Louis-Philippe, peu de temps après son avènement au trône, à convoquer à Paris une conférence dans le but d'arriver à la paix universelle. Cette conférence aboutit à un échec ; malgré cet insuccès, les partisans de la paix devinrent plus nombreux, plus ardents, et parmi eux nous avons été surpris de trouver le futur maréchal de Moltke, qui, en 1841, écrivait : « Nous nous déclarons ouvertement partisan de l'idée de paix éternelle ».

Des sociétés nouvelles se formèrent et, en 1843, un congrès fut tenu à Londres pour demander à tous les gouvernements d'adopter le principe de la paix universelle par la solution de l'arbitrage.

La République de 1848 suivant l'exemple de son aînée, inscrivit dans la Constitution : « La République française respecte les nationalités étrangères et n'emploiera jamais ses forces contre la liberté d'aucun peuple ». Cette déclaration fit se produire en Europe une nouvelle explosion de sentiments pacifiques ; il y eut des conférences pour la paix à Paris, à Genève, à Francfort, à Bruxelles... Le mouvement paraissait devoir grandir encore lorsque tout à coup il prit fin, le gouvernement qui l'avait fait naître ayant décidé l'expédition de Rome (1849).

Le mouvement pacifiste reprit lorsque Napoléon III, venant de monter sur le trône, annonça au monde, dans un discours célèbre, que : l'Empire, c'est la paix. Ce fut alors en France, en Europe même, un concert de louanges, dont nous avons entendu les échos lorsque l'empereur de Russie fit sa proposition de conférence en 1898. Les événements ne tardèrent pas à donner un démenti à cette prophétie, qui avait été acceptée comme un bienfait pour l'humanité. Successivement nous eûmes la guerre de Crimée, la guerre d'Italie, la guerre de Chine, la guerre du Mexique et la guerre de 1870 qui entraîna la chute de l'homme qui avait proclamé si haut qu'il voulait la paix. Cette folie guerrière ne fut pas spéciale à la France. Nous relevons dans les autres puissances : l'expédition des Anglais en Abyssinie, la guerre de Sécession, la guerre de la Prusse et de l'Autriche contre le Danemark, la guerre de la Prusse et de l'Italie contre l'Autriche, la guerre de la Russie contre la Turquie, la guerre de l'Italie en Abyssinie, la guerre des États-Unis contre l'Espagne, la guerre du Transvaal, la guerre russo-japonaise, pour ne citer que les plus importantes et sans parler de nos expéditions en Tunisie, au Tonkin et à Madagascar.

Une guerre était à peine terminée que,

6

suivant l'expression arabe, on faisait « parler la poudre » sur un autre point, lorsqu'elle ne parlait pas sur plusieurs points à la fois.

Malgré ces guerres, peut-être même à cause de ces guerres, les réunions et les congrès pacifiques se multipliaient ; dans chacun d'eux on faisait un tableau terrifiant des calamités qu'elles entraînent ; on parlait, avec émotion, des flots de sang inutilement répandus, du deuil jeté dans les familles, de la ruine publique et privée ; les propagateurs des idées pacifiques sortaient de ces réunions encore plus convaincus de la nécessité de mettre fin à tant de malheurs, et cependant tous les gouvernements se refusaient à tenir compte de leurs virulentes protestations.

Un gouvernement se décida enfin à prendre l'initiative d'une proposition. Pendant la discussion du traité de Paris, en 1856, l'Angleterre proposa de tenter l'application du principe de l'arbitrage. Toutes les puissances, tout en s'associant aux sentiments humanitaires de ce vœu, déclarèrent vouloir réserver leur entière liberté d'action. La proposition se trouva écartée.

En 1863, Napoléon III demanda aux puissances de l'Europe si elles ne trouveraient pas avantageux de se réunir dans un congrès qui étudierait sur quelles bases la paix pourrait être maintenue.

L'Autriche craignant de voir l'Italie réclamer la Vénétie, en se basant sur le principe des nationalités récemment proclamé, déclara s'abstenir. La Russie réserva son avis, ne voulant pas voir discuter la question de la Pologne qui, à ce moment-là, était en ébullition. L'Allemagne, qui déjà préparait ses campagnes de 1864 et de 1866 et peut-être songeait à la guerre de 1870, déclina l'invitation. Quant à l'Angleterre, oubliant qu'au congrès de 1856 elle avait demandé l'arbitrage, elle opposa un refus absolu. Napoléon III dut renoncer à son projet.

Nous avons tous lu les messages de paix,

d'amitié et de fraternité qui, pendant la guerre de 1870, furent échangés entre les socialistes français et les socialistes allemands. De quelle influence ont-ils été sur les sentiments qui, à ce moment-là, animaient l'immense majorité de nos adversaires à l'égard de la France? Ont-ils eu le pouvoir de détourner un seul Allemand de ses devoirs envers la patrie? Ce furent des paroles vaines, des protestations platoniques comme il s'en produira certainement encore au moment d'une nouvelle guerre. mais dans l'avenir, comme dans le passé, elles n'auront aucune influence sur les socialistes allemands, comme ils l'ont courageusement déclaré à leur louange.

Pour si puissants que soient les efforts des partisans de l'arbitrage entre nations et aussi ceux des 130 sociétés de la paix qui existent dans le monde, nous devons constater que les gouvernements ne se sont pas laissé éblouir par les belles théories humanitaires que ces sociétés cherchent à propager. Avec raison ils considèrent que la paix universelle et constante est une utopie qui difficilement deviendra une réalité. Pour qu'il pût en être autrement, il faudrait que la nature humaine avec ses violences, son esprit malfaisant et même sa duplicité fût changée ; il faudrait qu'il n'y ait plus de rivalités injustes ou même justifiées ; il faudrait encore que tous les hommes aient les mêmes aspirations et les mêmes intérêts. Est-ce possible? Frédéric II, dans une de ses pensées, nous dit à quelles conditions nous pouvons obtenir la paix : « Si vous voulez la paix perpétuelle, transportez-vous dans un milieu idéal où le tien et le mien soient inconnus, où les princes, leurs ministres et leurs sujets soient tous sans passions ». Ce milieu n'a jamais existé et nous ne l'aurons jamais ; c'est ce qui nous explique que depuis des siècles, on condamne la guerre, on la maudit sans pouvoir arriver à la supprimer.

C'est parce que la guerre est toujours possible que les gouvernements ont le devoir de s'y préparer.

L'Angleterre a augmenté sa puissance navale au point de ne plus craindre la coalition des flottes française, allemande et russe.

L'Allemagne ne cesse d'augmenter sa machine de guerre ; il n'est pas une année où elle ne crée de nouveaux bataillons, escadrons ou batteries. Pour donner plus de cohésion et de force à ses troupes, elle vient tout récemment encore d'augmenter le cadre de ses sous-officiers rengagés de 2,582 unités et accroître son budget de la guerre de 1906 de 46 millions, dépassant ainsi le budget français de 212 millions.

Ce n'est certainement pas avec des idées pacifiques que, dans ces dernières années, l'Allemagne a amélioré ses anciens forts, en a construit de nouveaux, ouvert des lignes stratégiques, augmenté le matériel de mobilisation... Les Allemands veulent être prêts à toute éventualité, ils veulent être les plus forts : « La force, a dit récemment un de leurs écrivains, mais c'est la grande, c'est la seule directrice de toutes choses en ce monde ; sans la force la justice n'est qu'un mot. Celui qui dispose de la force, qu'il soit nation, gouvernement ou individu, trouve dans sa supériorité même un sentiment de justice qui échappe au faible ».

Toutes les autres nations, non seulement en Europe, mais dans le monde entier, suivent les traces de l'Angleterre et de l'Allemagne.

Là-bas, tout au loin, nous voyons un autre peuple énorgueilli par des succès inespérés, rêvant, quoi qu'il en dise, victoires, possessions nouvelles et prépondérance en Extrême-Orient, se préparant à la guerre avec une ardeur à nulle autre pareille.

Un brillant écrivain et observateur patient, M. Naudeau qui a vu le Japon avant et pendant la guerre et qui vient de le parcourir encore depuis la paix, nous a dépeint ainsi l'état d'âme de cette jeune nation : « Le Japon, nonobstant ses embarras financiers qui sont trop réels, emploie toutes ses ressources disponibles à lancer de nouveaux cuirassés, à édifier de nouveaux forts, à développer ses capacités à combattre.

Les seuls travaux entrepris par les Japonais dans les lieux d'où ils ont chassé les Russes sont, jusqu'à présent, des préparatifs guerriers ; les considérations commerciales et industrielles restent au second plan ; l'idée maîtresse du Japon est la préparation à la guerre. A quelle guerre? A n'importe quelle guerre? A la guerre que les circonstances détermineront. »

Avec la France peut-être, les Japonais disant que nous avons des ressources financières supérieures à celles de toutes les autres nations. Le Japon ne verra-t-il pas dans cette guerre la possibilité de sortir de ses embarras financiers? La France n'a-t-elle pas de belles colonies à proximité de la terre nippone? Le Japon nous reproche d'avoir pesé de tout notre poids sur ses diplomates pour leur faire accepter le traité de Simonosaki ; il n'oublie pas notre attitude nettement hostile durant la guerre, il se souvient de l'appui que nous avons donné à la flotte de l'amiral Rodjestwensky durant son séjour à Madagascar d'abord et dans la baie de Cam-ranh ensuite ; il se produisit à ce moment-là une explosion de fureur contre la France, qu'il ne serait pas difficile de faire renaitre.

Quels que soient les sentiments d'amitie qui nous unissent actuellement aux autres nations, la prudence veut que, comme elles, nous nous préparions à la guerre. N'avons-nous pas combattu avec les Anglais en Crimée? Ne sommes-nous pas partis fraternellement ensemble pour le Mexique? et cependant l'incident de Fachoda a failli nous rendre ennemis.

N'avons-nous pas créé l'unité italienne par les victoires de Magenta et de Solférino? et il a suffi de l'arrivée au pouvoir d'un ennemi de la France pour nous brouiller avec une nation que tout devait rapprocher de nous.

N'avons-nous pas vu tous les souverains venir en amis visiter notre exposition de 1867, et quel est celui qui, trois ans après, nous offrait son appui matériel ou moral?

Nous devons donc nous préparer à la guerre, être toujours prêts à en accepter la terrible éventualité. Ce n'est pas que nous pensions que le problème de la suppression de la guerre soit un problème insoluble; loin de là; nous entrevoyons même la solution, mais dans un avenir encore bien lointain; et c'est l'histoire qui nous l'a fait entrevoir.

Il y a quatre siècles à peine, l'Europe était en guerre, les luttes étaient générales et constantes; tous les villages et toutes les villes se fortifiaient pour résister aux attaques.

des villages et des villes voisins ; une haine sauvage divisait les enfants d'une même nation ; la Picardie se battait contre la Normandie, la Bourgogne contre la Champagne. Qui, à ce moment-là, aurait pu croire à une réconciliation éternelle et à une amitié perpétuelle?

Ce mouvement humanitaire que nous devons à la civilisation, pourquoi ne le verrait-on pas un jour s'étendre au delà des frontières pour englober toute l'humanité?

Ce sont les communications plus commodes par la création des chemins et des routes qui, en facilitant les relations, ont rapproché les familles, confondu les intérêts, fini par faire disparaître toutes pensées de haine et d'animosité qui se sont peu à peu changées en amitiés profondes.

Pourquoi la vapeur et l'électricité en supprimant les distances ne permettraient-elles pas d'étendre les mêmes avantages d'une nation à une autre? Les communications ne sont-elles pas aujourd'hui plus rapides entre Paris et Berlin qu'elles ne l'étaient autrefois entre Paris et Lyon? Les unions entre les habitants des diverses nations ne deviennent-elles pas tous les jours de plus en plus fréquentes? Les intérêts industriels et commerciaux, actuellement une cause de conflits, ne finiront-ils pas à se confondre? La ruine de la Russie, par exemple, n'entraînerait-elle pas au moins partiellement la ruine de la France? Les sentiments d'humanité et de générosité, lorsqu'un malheur frappe un peuple, ne commencent-ils pas à trouver chez tous les autres peuples un écho qu'on ne soupçonnait pas naguère?

Nous avons vu les gouvernements adopter une législation internationale pour réglementer le service de la justice, la propriété littéraire, artistique et industrielle, le service des transports, des correspondances postales et télégraphiques, pourquoi ne parviendraient-ils pas à adopter une législation permettant de régler ou tout au moins de limiter les conflits?

Non, le problème n'est pas insoluble, mais, d'aucun côté, les esprits ne sont suffisamment préparés à sa résolution ; l'heure viendra certainement, mais elle est encore lointaine ; elle viendra plus aisément le jour où tous les peuples de l'Europe consentiront à parler une même langue, ce qui les portera à penser qu'ils sont les enfants d'une même mère ; elle viendra lorsque les gouvernements oubliant leurs discordes antérieures s'efforceront de chasser du cœur humain les sentiments de haine qui l'ont envahi pour y faire entrer la fraternité ; aussi, nous le déclarons, c'est avec regret que nous avons vu cette année le Dr Studt, ministre de l'instruction publique en Allemagne, rappeler aux Universités que c'est à tort que, dans certaines écoles, on avait laissé tomber en désuétude la cérémonie anniversaire de Sedan, prescrivant d'avoir à la reprendre, avec la pensée d'exalter la vaillance de l'armée allemande et les sentiments qui doivent animer tout citoyen allemand, ce qui ne peut que contribuer à maintenir de l'animosité contre la France.

L'Union interparlementaire se basant sur le fait que les conflits entre particuliers sont souvent écartés par l'arbitrage, en a conclu que l'arbitrage peut aussi donner la solution dans les différends qui surviennent entre les nations. Nous ne pouvons partager ses espérances ; les deux situations n'ont rien de comparable. Le conflit entre particuliers dépend uniquement d'une individualité ; toute individualité est sujette aux erreurs, aux violences, à une irritation passagère, à un entêtement même dans ses torts ; en un mot, elle subit toutes les faiblesses que comporte la nature humaine ; une individualité peut ne pas avoir envisagé les faits sous toutes leurs faces, et avec toutes leurs conséquences ; son jugement a pu la tromper, son caractère a pu la faire agir sans réflexion et la pousser trop loin ; une médiation peut lui ouvrir les yeux, lui faire entendre raison. Nous ne saurions admettre pareilles fautes de la part des gouvernements. Lorsqu'une question internationale est soulevée, nos gouvernants n'ont pas à donner une solution instantanément ; ils ont tout le temps voulu pour l'étudier et la faire étudier, l'examiner avec réflexion et avec calme, la discuter ; ils peuvent et doivent envisager les conséquences de toutes les solutions ; la médiation ne doit pouvoir leur présenter aucune situation nouvelle, ni modifier la solution qu'ils ont envisagée et qui leur paraît la seule juste et équitable. S'il en était autrement, ils ne seraient pas dignes de gouverner un peuple.

L'Union parlementaire peut néanmoins avancer que, dans bien des cas, déjà la médiation a solutionné des différends ; c'est exact, il convient toutefois d'examiner dans quelles conditions elle s'est produite pour se rendre compte de son degré d'importance.

Il y a eu arbitrage pour fixer la délimitation de la frontière entre deux États, notamment entre l'Angleterre et les États-Unis au Canada et entre la France et les Pays-Bas pour délimiter les territoires de leurs colonies de la Guyane ; parfois aussi une simple entente a suffi pour fixer la délimitation des territoires, comme nous l'avons fait nous-même lorsque nous avons cédé à la Suisse la très importante position militaire de la Pointe du Corbeau en échange de quelques pâturages sans valeur aucune.

Il y a eu arbitrage entre la Grande-Bretagne et l'Allemagne pour trancher un différend relatif à l'affermage des douanes de l'île inconnue de Lamu, appartenant au sultan de Zanzibar.

C'est encore par l'arbitrage que souvent ont été réglés les désaccords relatifs à la saisie d'un navire ou à la confiscation d'une cargaison, comme nous l'avons déjà vu entre le Pérou et le Japon au sujet du vaisseau péruvien *Maria-Luz* ou entre la France et le Nicaragua, après la saisie d'armes et de munitions pratiquée à bord du navire français *Le Phare*. Faudrait-il que pour quelques arpents de terre le plus souvent sans valeur ou pour une cargaison qu'il plait à un commerçant d'envoyer dans un pays en état d'hostilités pour faire fortune, deux nations en arrivent à se déclarer la guerre?

Il a été fait aussi appel à l'arbitrage pour trancher des différends relatifs au droit de navigation ou de pêche, pour assurer le paiement d'une dette ou la réparation d'un dommage matériel, ou pour qu'il soit donné satisfaction après l'emprisonnement ou le meurtre d'un sujet d'une puissance par les autorités d'une autre puissance? Voudrait-on que pour des faits de cette nature, deux nations en viennent aux mains, dépensent des milliards et fassent massacrer des milliers d'hommes? La guerre pour de pareils motifs alors que ni l'honneur, ni les intérêts vitaux d'un pays ne se trouvent engagés, serait une honte pour un peuple civilisé. Aurait-on pu admettre, qu'à la suite de l'incident de Hull, l'Angleterre déclarât la guerre à la Russie? Lorsqu'on relit aujourd'hui les circonstances qui ont amené ce malheur, on a de la peine à s'expliquer la fureur débordante de la presse anglaise ; vainement on cherche l'insulte à un pavillon qui n'était pas arboré ; on ne peut y voir qu'une erreur grossière commise par *des hallucinés ou des hommes ivres*... On devait y trouver matière à excuses et à indemnité, il n'était pas possible, de bonne foi, d'y voir un *casus belli*.

En outre de ces conventions amicales, il y a eu entre diverses puissances des traités de paix et d'amitié tendant à faire régler par l'arbitrage les différends qui pouvaient s'élever entre elles. Il existe des traités entre le Guatémala et le Honduras, entre le Salvador et la République de Costa-Rica. « En aucun cas, dit ce dernier, les deux Républiques ne pourront se faire la guerre. Si entre elles vient à surgir quelque différend, elles se donneront les explications nécessaires ; et si, dans le différend survenu, elles ne peuvent arriver à s'entendre, elles adopteront, d'une manière précise et inéluctable, le moyen humanitaire et civilisé de l'arbitrage. »

La Guatémala et le Salvador ont également signé, le 31 mars 1876, un traité de paix qui n'est ni moins catégorique, ni moins précis que le précédent. « Il est stipulé expressément qu'aucune des parties contractantes ne pourra ordonner ou autoriser des actes de représailles avant d'avoir épuisé tous les moyens pacifiques de satisfaction et d'arrangement. Ces moyens consisteront dans un exposé, sous forme de mémoire, de toutes les offenses et dommages qui ont eu lieu, avec preuves et témoignages compétents, présentés par le gouvernement qui se considérera comme lésé. Si la satisfaction qui lui est due n'est pas accordée, alors on soumettra la décision de l'affaire à l'arbitrage de quelqu'un des gouvernements du centre de l'Amérique ou de quelque gouvernement du continent américain. » Comme on le voit, toute la procédure était prévue, mais au premier incident elle fut oubliée et ce furent les armes qui tranchèrent le désaccord.

Il y a même des États européens qui ont signé des traités de paix et d'amitié ; il en existe un entre la Suisse et le Salvador, entre l'Italie et la République Argentine, entre la France et la République de l'Équateur... On comprend aisément combien ces traités nous laissent indifférents, ayant de la peine à concevoir des conflits pouvant amener la guerre entre les puissances signataires de ces pactes de paix.

Comme nous l'avons déjà dit, l'arbitrage obligatoire a été écarté par toutes les puissances prenant part à la première Conférence de La Haye comme une utopie irréalisable ; les partisans les plus convaincus de ce système de médiation ont dû reconnaître qu'une nation ne peut faire une autre nation juge de son honneur, des faits qui touchent à son indépendance, à sa vie politique ou économique ; il est donc douteux que cette manière de solutionner les conflits soit soumise à la nouvelle Conférence de La Haye ; d'ailleurs les conditions dans lesquelles les gouvernements ont accepté d'y prendre part, nous font admettre que cette proposition serait écartée sans discussion.

Nous avons également démontré que l'arbitrage facultatif ne modifie en rien les pouvoirs que les nations ont possédés de tout temps ; par suite une convention sur ce point était, pour elles, sans objet.

Il fallait donc trouver quelque chose de nouveau. Ce fut l'œuvre de M. Bryan, délégué anglais. A la réunion interparlementaire tenue à Londres au mois de juillet 1906,

M. Bryan émit l'avis qu'avant toute action de guerre les puissances devraient accepter une enquête sur les causes du litige. Combien de conflits, dit-il, seraient évités si l'on soumettait à une enquête sérieuse des différends qui au premier abord paraissent insolubles ; en outre, tant que durerait l'enquête, l'opinion publique, saisie par la presse de la question, pèserait sur les résolutions des deux partis et deviendrait un obstacle sérieux à une déclaration de guerre. On arriverait ainsi à solutionner toutes les questions par la raison et non par la force. Il fut déposé et adopté par le Congrès un vœu tendant à rendre l'enquête obligatoire.

Pouvons-nous espérer qu'une puissance, sur le point d'entrer en lutte avec une autre, consente à soumettre à une enquête préalable un conflit qui met en jeu son honneur, sa vie, ses intérêts? N'envisage-t-on pas d'une manière bien différente une injure suivant qu'elle s'adresse à soi-même ou à autrui?

Quelle est la nation qui acceptera qu'une autre nation vienne s'immiscer dans des affaires qui ne la concernent en rien?

On ne manie pas et on ne raisonne pas un peuple, comme on manie ou on raisonne un particulier. Lorsqu'un gouvernement veut la guerre, n'a-t-il pas souvent un mobile secret qui ne sera pas dévoilé à l'enquête, qu'il ne peut avouer? M. de Bismarck voulant la guerre quand même, en arrivant à falsifier une dépêche, pouvait-il demander à une tierce puissance la solution du conflit entre son gouvernement et Napoléon III? L'Angleterre, avant d'envoyer ses forces au Transvaal, aurait-elle consenti de dire au monde le motif réel qui la poussait à conquérir les Républiques sud-africaines?

Il est des dessous que l'on n'avoue jamais et qui rendront l'enquête illusoire, impossible même.

Il est un point que les promoteurs de la proposition de l'enquête obligatoire n'ont pas suffisamment envisagé. Comme nous le dirons plus loin, d'après une très haute personnalité allemande, dans l'avenir : « La résolution de faire la guerre, l'ordre de mobilisation, la concentration et le commencement des hostilités ne formeront en quelque sorte qu'un seul et même acte ». La rapidité de l'attaque, la surprise sera un des facteurs les plus importants du succès ; c'est ce facteur que l'enquête supprime ; c'est ce qui fait aussi que l'enquête ne sera jamais acceptée par la nation qui veut la guerre, qui s'y prépare de longue date, qui a choisi son heure et qui compte ainsi gagner quelques jours sur la mobilisation et la concentration des armées de son adversaire, escomptant cette avance pour obtenir un premier succès.

Que peut dire l'enquête? Elle fera connaître la nation qui a pour elle le bon droit, comme si on l'ignorait ! Quel est le peuple qui acceptera une décision blâmant ses agissements? Presque tous les jugements rendus par les tribunaux ordinaires ne sont-ils pas l'objet de suspicions et de réclamations? Pourquoi n'en serait-il pas de même du jugement rendu par le tribunal chargé de l'enquête? On en contestera bien le fondé, la justice ; on le discréditera et par des moyens vrais ou faux, honnêtes ou malhonnêtes, l'opinion publique sera surexcitée contre les juges qui, sans y être forcés, auront accepté d'accomplir cette difficile mission.

Une enquête n'a d'ailleurs de valeur que si une sanction en est la conséquence, et certainement aucune nation ne voudra endosser pareille responsabilité.

L'arbitrage obligatoire comme l'arbitrage facultatif ont été repoussés d'une manière absolue ; il en sera certainement de même de la proposition d'enquête.

Le problème a cependant une importance si élevée qu'il nous a paru, dans l'intérêt de l'humanité, utile d'en rechercher la solution.

Il fallait, avant tout, éviter que le *veto*

d'une puissance, fût-elle la principale intéressée, fût un obstacle péremptoire à sa réalisation ; il est impossible aussi de donner à l'une d'elles un appui effectif sans violer les lois de la neutralité.

Le problème est donc ardu, nous n'hésitons pas cependant à formuler — bien timidement — une proposition nouvelle que nous livrons à la discussion d'hommes plus compétents qu'un soldat à la propagation d'idées contraires à l'essence même de sa carrière.

Lorsque deux puissances ont entre elles un différend d'où il peut résulter la guerre, la Cour permanente de La Haye, formée des représentants des grandes puissances seules, s'assemble sans délai.

Les plénipotentiaires prennent l'engagement d'honneur de ne révéler aucun incident des discussions qui vont s'ouvrir. Ils prennent aussi, au nom de leur gouvernement, l'engagement formel, quel que soit leur avis personnel, d'accepter et de faire exécuter l'avis de la majorité des membres.

La Cour, après avoir entendu les deux partis s'ils ont consenti à se présenter ou à se faire représenter à la Conférence, ou avoir passé outre dans la négative, apprécie les torts réciproques et prononce, en dehors des puissances intéressées, dans un sentiment de justice, de loyauté et d'équité, par vote secret et à la majorité des voix, quelle est celle des nations en conflit qui a l'appui moral des puissances.

L'appui moral des puissances a pour conséquence de donner à la nation qui en bénéficie, et à elle seule, le droit de contracter chez elles des emprunts, d'acheter à l'industrie privée, à l'exclusion de l'État, des vivres, fourrages, charbons, matériel et effets de toute nature utilisés par les armées en campagne et de profiter des avantages de l'union postale et télégraphique, sans que ce privilège puisse entraîner les puissances à violer ou à se soustraire aux règles de la neutralité, ni entraver l'action des belligérants.

Le vote des puissances ayant été pris collectivement avec l'engagement de ne pas s'y soustraire, il ne semble devoir en résulter aucun inconvénient pour chacune d'elles prise isolément ; d'autre part, il ne paraît pas possible qu'une d'entre elles manque à un engagement d'honneur si solennellement pris.

Point n'est nécessaire de s'étendre sur les avantages qui résulteront de l'appui moral donné à une nation par les puissances. Par l'appel sous les armes de tous les hommes valides, l'industrie, le commerce, l'agriculture se trouveront arrêtés, et il n'est pas une nation qui puisse assurer longtemps les besoins de ses armées; la France et l'Allemagne ne produisent ni assez de blé, ni assez de fourrages pour assurer la consommation normale; si, pour une des deux nations, les importations sont arrêtées, ne se trouvera-t-elle pas à un moment donné dans une situation critique?

Dans tous les cas, si notre proposition ne parvient pas à supprimer les guerres, elle pourra en limiter la durée.

DÉSARMEMENT

Nul homme sensé n'oserait dire qu'une armée n'est pas indispensable à un peuple pour défendre son honneur, son indépendance, ou pour protéger les intérêts vitaux de l'État et des particuliers.

Le désarmement complet amènerait la destruction de l'organisme social et l'anarchie. C'est ce que déclarait le Président Roosevelt, au lendemain du jour où il avait lancé à tous les gouvernements l'invitation de prendre part à une nouvelle Conférence de La Haye, dans un message qu'il adressait, en décembre 1904, au Congrès des États-Unis : « Si les grandes nations civilisées désarmaient complètement, il en résulterait une recrudescence de barbarie, sous une forme ou sous une autre ».

Les membres des Parlements des divers

pays réunis en conférence à Londres, en 1906, pour préparer le tâche de la deuxième Conférence de La Haye, ont dû reconnaître que le désarmement tel que certains esprits le désirent est une utopie.

M. d'Estournelles de Constant, un des plus éloquents et des plus convaincus défenseurs du pacifisme, a été amené à déclarer que la pensée du désarmement complet doit être considérée comme « absurde ». Ce qu'il faut désirer, dit-il, c'est un arrêt dans le monstrueux gaspillage d'hommes et d'argent qui caractérise notre époque ; il faut protester au nom de l'humanité, au nom de la science, au nom de l'industrie, dans l'intérêt de l'ordre et du progrès, dans l'intérêt de la métallurgie qui ne perdrait rien à fabriquer moins de machines de guerre et de plaques blindées pour cuirassés et plus de rails, plus de ponts, plus de machines. Il ajoute : « Sous prétexte de protéger le présent, nous ruinons l'avenir. Avant dix ans, les révolutionnaires de tous les pays prendront acte de nos débauches de commandes au profit d'une seule industrie, au détriment de toutes les autres, pour justifier leur propagande et recruter des adhérents parmi les classes laborieuses lasses de voir toute réforme ajournée, toute activité féconde paralysée ».

La thèse du désarmement complet ne nous paraît donc pas mériter la discussion ; il n'en est pas de même de celle qui concerne la *limitation des armements.*

Depuis que Napoléon III a proclamé le principe des nationalités ; depuis que la Prusse a successivement vaincu le Danemark, l'Autriche et la France, toutes les nations, les petites comme les grandes, se sont senties menacées, et pour parer au danger, elles se sont lancées dans la folie des armements, tout en étant unanimes à le déplorer.

De toutes les puissances, c'est la France qui, durant ces dernières années, a agi avec le plus de sagesse et de circonspection.

Il résulte d'un travail fait par M. Edmond Thierry, publié dans les *Études économiques et financières*, que l'augmentation du budget des dépenses militaires et navales durant une période de douze années, de 1891 à 1903, a suivi la progression ci-après :

L'Angleterre a porté ce budget de 794 millions à 1088 millions, soit une augmentation de 294 millions ;

La Russie a élevé le sien de 721 millions à 1 188 ; augmentation : 467 millions ;

Celui de l'Allemagne a été porté de 702 millions à 1 088 ; augmentation : 386 millions ;

Celui de l'Autriche a été augmenté de 144 millions, montant de 330 à 474 millions ;

Le budget de l'Italie s'est élevé de 362 millions à 409 millions ; augmentation : 47 millions ;

Enfin, en France, nos budgets concernant la défense nationale sont montés de 886 millions à 1 001, soit 115 millions d'augmentation, sur lesquels 12 millions seulement pour la guerre.

Si nous voulons faire un pourcentage, nous voyons que, tandis que les dépenses faites par l'Allemagne pour augmenter la puissance de son armée et de sa flotte, se sont accrues de 55 p. 100, celles de la France ne l'ont été que de 13 p. 100.

Certainement cette fureur d'armements qui a gagné toutes les puissances constitue un malheur public ; elle aura pour conséquence d'amener, dans un temps plus ou moins long, la ruine financière des nations. Mais comment y parer? Est-il toujours possible d'arrêter les flots de l'inondation qui menace? Quelle est la nation qui voudra prendre l'initiative de commencer le désarmement? Écoutons leurs déclarations.

Le Président Roosevelt, se disant cependant un sincère ami de la paix, l'appelant de tous ses vœux, nous a dit dans son avant-dernier message au Congrès des États-Unis : « Il faut qu'un armement suffisant soit maintenu en vue de la police internationale, et, tant que la cohésion entre les nations et le sentiment des droits et des devoirs internationaux ne seront pas plus accentués qu'à présent, une nation désireuse de se faire respecter et de rendre service aux autres, devra avoir une force proportionnée à l'œuvre qu'elle considère comme la part du devoir qu'elle a à remplir dans le monde.

Une nation qui se respecte elle-même et qui est juste et prévoyante doit donc, tout en évitant de faire du tort aux autres, être prête à repousser toute atteinte à ses droits et, dans des cas exceptionnels, à entreprendre une action qui, dans une phase plus avancée des relations internationales, serait considérée comme faisant partie de la police du monde.

Un grand peuple libre se doit à lui-même et doit aussi à l'humanité de ne pas tomber à l'état de faiblesse vis-à-vis des puissances du mal. »

Comme si ce langage n'était pas assez clair, M. Roosevelt a ajouté : « Je vous recommande très sérieusement de ne pas vous arrêter dans l'œuvre du développement de notre flotte. Notre voix est maintenant puissante pour maintenir la paix, parce que nous ne craignons pas la guerre.

Les enseignements de la lutte qui a eu lieu en Extrême-Orient nous montrent que nous devons continuer à construire des croiseurs et des contre-torpilleurs, mais aussi des cuirassés d'escadre assez puissamment armés pour infliger le maximum de dommages à nos adversaires et assez bien protégés pour supporter des coups sérieux sans que leur valeur soit diminuée au point de vue du combat, ni au point de vue de la manœuvre.

Dans l'armée de terre, il y a lieu d'augmenter le nombre des officiers.

Nous avons amélioré la défense de nos

côtes, mais il faudra développer notre système de mines flottantes dans tous nos ports importants. »

Voilà comment s'est exprimé le chef d'un gouvernement qui se dit être un sincère ami de la paix et comment il entend réduire les charges militaires.

L'opinion du gouvernement allemand sur la limitation des armements est bien connue ; elle se trouve dans un ouvrage récent publié par le général von Bernhardi, du grand État-major, dont la publication a produit une profonde sensation. « La résolution de faire la guerre, est-il dit dans cet ouvrage, l'ordre de mobilisation, la concentration et le commencement des hostilités ne formeront, en quelque sorte, qu'un seul et même acte.

Jamais, jusqu'à présent, la préparation stratégique n'avait eu pareille importance pour le résultat de la lutte ; jamais les conséquences du premier choc n'auront exercé une influence aussi décisive que celles qu'elle exerceront dans l'avenir...

La victoire appartiendra à celui qui prendra l'avance dans le temps et dans l'espace ; de là découle la rapidité foudroyante de l'invasion, l'avantage de l'offensive, la nécessité de la manœuvre qui subordonne l'ennemi aux vues de l'assaillant, l'emploi de tous les facteurs nouveaux dans le jeu de l'attaque qui bouleverse les plans méthodiques de l'adversaire, déprime ses troupes dont la qualité s'amoindrit pendant que se détraque le caractère moins bien trempé de la nation vaincue. »

Combien graves sont ces paroles, combien il faut les méditer. Ce n'est pas lorsqu'on nous dit que la *résolution de faire la guerre et le commencement des hostilités ne doivent former qu'un seul et même acte ;* ce n'est pas lorsqu'on exprime la conviction que la *victoire appartiendra à celui qui saura prendre l'avance dans le temps et dans l'espace par une rapidité foudroyante de l'invasion ;* ce n'est pas lorsqu'un souverain déclare que l'Allemagne peut supporter allègrement, bien plus allègrement que les autres nations, les charges militaires et que son contingent lui donne plus d'hommes qu'il n'en a besoin, que nous pouvons espérer voir accepter le principe du désarmement ou simplement même d'une réduction des forces militaires ou navales.

Nous avons un précédent. Au mois de mars 1870, le ministère Ollivier fit proposer au gouvernement prussien, par l'entremise de l'Angleterre, une réduction simultanée de 10 000 hommes sur les effectifs des deux armées ; cette proposition ne fut pas acceptée ; il en serait de même aujourd'hui. D'ailleurs, l'Allemagne, comme nous l'avons dit, n'a consenti à prendre part à la deuxième Conférence de La Haye qu'à la condition formelle que la question du désarmement ou de la réduction des forces de terre et de mer ne serait pas mise en discussion.

Nous avons vu naguère l'application de la théorie du général von Bernhardi. Les relations diplomatiques entre la Russie et le Japon furent rompues le 6 février 1904, mais une rupture de négociations n'a jamais été considérée comme une déclaration de guerre, et la preuve en est dans les événements mêmes. Les légations japonaise et russe ne quittèrent Saint-Pétersbourg et Tokio qu'à la date du 10 et le document portant déclaration de guerre ne fut remis que le 11 février ; malgré cela, dans la journée du 8 février, la flotte japonaise venait attaquer le *Wariag* et le *Korieetz* qui, sans défiance, étaient stationnés à Chemulpo et, durant la nuit, l'amiral Togo faisait torpiller le *Cesarewitch*, le *Retvisan* et le *Pellada*, ancrés dans la rade de Port-Arthur.

Les sentiments du gouvernement anglais, quoique présentés sous une autre forme, ne nous paraissent pas moins catégoriques.

Au mois de mai dernier, M. Vivian, député ouvrier, déposa à la Chambre des communes, la proposition suivante, tendant à la réduction des armements :

« La Chambre est d'avis que l'augmentation des armements est excessive et doit être réduite, que ces dépenses sont préjudiciables au crédit national et commercial, qu'elles aggravent le problème des sans-travail, diminuent les ressources qui pourraient servir aux réformes sociales et pèsent d'un poids exceptionnel sur les classes laborieuses.

En conséquence, elle invite le gouvernement à prendre des mesures énergiques pour mettre un terme à ce drainage des revenus nationaux et à insister pour faire inscrire, par un accord international, dans le programme de la prochaine Conférence de La Haye, la question de la réduction des armements. »

Cette proposition fut appuyée par M. Haldane, ministre de la guerre, et par Sir Edward

Grey, ministre des affaires étrangères, qui, au nom du gouvernement, fit la déclaration suivante : « J'approuve la résolution présentée par M. Vivian à cause de l'effet qu'elle pourrait avoir sur les autres pays. A aucun moment, l'opinion publique, en Europe, ne s'est prononcée plus fortement en faveur de la paix, et pourtant le fardeau des dépenses militaires et navales ne cesse d'augmenter. La Conférence de La Haye ne pourra rendre un plus grand service au monde qu'en faisant les conditions de la paix moins dispendieuses.

On dit que nous attendons que les puissances étrangères prennent l'initiative pour réduire nos dépenses. En réalité, les puissances s'attendent toutes les unes les autres ; il faudra bien qu'un jour l'une ou l'autre fasse le premier pas. Il est possible qu'une autre puissance soit prête à prendre l'initiative, mais rien ne doit nous interdire de le faire.

Au nom du gouvernement, j'accepte et

accueille la résolution Vivian et j'espère que les autres puissances la considéreront comme une invitation du gouvernement anglais à répondre à un appel en faveur d'une réduction des armements. »

Cette déclaration, faite le 10 mai 1906, fut couverte d'applaudissements et la résolution Vivian adoptée à l'unanimité.

Nous voudrions croire à la sincérité des déclarations du gouvernement anglais, cependant nous conservons un doute, sachant à quelles conditions il accepterait de réduire la force de ses flottes, et aussi en lisant les discours des ministres qui les ont faites.

Dans un discours prononcé le 28 septembre à Haddington, en Écosse, M. Haldane, ministre de la guerre, nous dit : « L'heure n'est pas encore venue d'affecter à l'amélioration des conditions sociales l'argent qui est actuellement employé pour les armements. Le gouvernement anglais a fait son possible pour démontrer qu'à son avis, les dépenses pour les armements sont excessives, en s'attachant à réduire les dépenses anglaises.

Cependant, l'Angleterre ne saurait réduire ses moyens de défense à moins que d'autres nations n'imitent cet exemple; autrement il en résulterait que la diplomatie anglaise se trouverait affaiblie et la situation de l'Angleterre atteinte, auquel cas le peuple exigerait de nouvelles dépenses importantes et tous les progrès acquis dans le sens du désarmement disparaîtraient.

Pour le moment, tout ce que l'on peut faire, c'est de réaliser des économies en organisant avec soin les forces militaires du pays. »

Tout dernièrement encore, le 9 novembre, le ministère anglais, au nom du gouvernement, nous a déclaré que : « Le premier lord de l'Amirauté et le ministre de la guerre d'Angleterre désireraient voir diminuer les armements ; mais, si les autres nations ne les diminuent pas, il est de l'intérêt de la paix, pour chaque nation, de ne pas diminuer ses forces. La politique et le devoir du gouvernement anglais sont de maintenir, à l'époque actuelle, la marine et l'armée dans leur pleine force de combat.

Il faut qu'elles puissent attaquer vigoureusement et promptement pour le cas où l'attaque constituerait le seul moyen de défense. »

Nous avons déjà dit dans quelles conditions l'Angleterre entendait réduire ses forces navales. La question est assez grave pour y revenir.

La puissance navale de la Grande-Bretagne est considérable; depuis 1889, il a été construit cinquante cuirassés, trente-neuf croiseurs cuirassés, soixante-dix-huit croiseurs protégés, cent soixante torpilleurs et trente-neuf sous-marins : ce qui a eu pour résultat de lui donner des forces égales au moins à celles que pourrait avoir la coalition de trois des plus puissantes marines du monde. Dans ces conditions, on se demande quelle peut être la portée de la diminution de deux cuirassés, de deux grands et de deux petits torpilleurs et de huit sous-marins, que le ministère annonçait devoir faire? Lord Robertson, ministre de la marine, voulait voir dans cette réduction une preuve donnée à l'Europe et aux congressistes de La Haye, de la bonne foi de l'Angleterre et de son désir manifeste de limiter ses armements, mais, lord Balfour, ancien premier ministre, avec la franchise qui est le fond de son caractère, n'hésita pas à lui répondre qu'il était réellement « absurde » de croire que l'Europe et les diplomates de La Haye allaient se payer de mots et ajouter foi à un pareil désintéressement, sachant bien que l'Angleterre est et restera toujours, et de beaucoup, la puissance navale la plus forte, en ayant les moyens de s'accroître plus rapidement que toutes les autres flottes.

Poussé à bout par la discussion, le gouvernement, comme nous l'avons déjà dit, fut mis en demeure d'avouer que les programmes étrangers n'accusant pas les progrès que l'Amirauté escomptait, lorsque le programme anglais fut primitivement établi, il en résultait que la balance des forces ne se trouverait pas troublée par le programme modifié, comme l'a reconnu le Conseil de l'Amirauté : « Le Conseil de l'Amirauté est de l'avis unanime que, tout en effectuant ces économies, la Grande-Bretagne conserverait la suprématie nécessaire à sa protection. Les lords de l'Amirauté sont convaincus que la puissance de la flotte est écrasante, en tout cas, extrêmement grande ».

Quel est le fond de garantie que nous donne la proposition formulée par l'Angleterre?

La Russie, après les terribles secousses qui ont mis l'Empire si près de sa perte, songe moins à se donner une armée nombreuse qu'une armée fidèle au tsarisme ; ce sont les événements intérieurs qui l'intéressent et l'émeuvent. Pendant longtemps, elle cherchera à éviter toute cause de conflit ; elle a perdu, au moins pour un certain temps, la prépondérance morale dont son gouvernement jouissait en Europe.

Il ne semble pas douteux que l'Autriche, tant que son vieil empereur régnera, ne soit, comme à Algésiras, l'écho fidèle des pensées de l'Allemagne ; d'ailleurs, les conditions secrètes qui la lient à cette puissance, ne l'obligent-elles pas à avoir sous les armes un effectif donné ? c'est ce que nous ne pouvons dire.

Nous connaissons la pensée du gouvernement italien, elle nous a été donnée par M. Tittoni, ministre des affaires étrangères, qui, le 14 juin 1906, en répondant à l'interpellation Brunialti, s'exprimait ainsi : « Je suis d'avis que ce serait un crime de lèse-humanité que de point coopérer sincèrement aux initiatives qui ont pour but une réduction simultanée des armements des grandes puissances.

La politique italienne a toujours visé le maintien de la paix ; par conséquent, je suis heureux de pouvoir dire à l'honorable M. Brunialti que nos délégués à la prochaine Conférence de La Haye, auront mandat de seconder l'initiative anglaise ». M. Tittoni croyait cependant devoir ajouter : « J'ai toujours pensé que, pour nous, ce serait un crime de lèse-patrie que d'affaiblir, nous seuls, nos armements, tandis que nous nous trouvons au milieu d'une Europe puissamment armée et qui considère le perfectionnement des armements comme une garantie ». Le président du Conseil des ministres accentuait, en ces termes, l'opinion du gouvernement sur la question du désarmement : « C'est un sujet qui porte à faire de beaux discours, mais il n'y a *aucune espérance* à avoir que, dans les circonstances présentes, cette question puisse être résolue pratiquement ».

La France a fait connaître son opinion dans la déclaration gouvernementale du 6 novembre dernier, nous n'avons pas à la rappeler.

Il faudra bien qu'un jour, l'une ou l'autre des puissances fasse le premier pas, a dit Sir Grey. Ce premier pas ne peut être fait que par l'Angleterre, l'Allemagne ou la France.

Il a été fait par l'Angleterre, et nous avons dit à quelles conditions; ces conditions ont été résumées dans un article sensationnel, écrit par un homme politique très en vue : « Nous allons nous présenter devant les nations étrangères (à La Haye) et leur dire : Si vous êtes disposées à consentir à ce que nous conservions une flotte aussi forte, ou plus forte que celles réunies des puissances les plus fortes, nous serons enchantés de ne plus avoir à faire l'effort que demande l'indéfinie construction de nouveaux vaisseaux. Vous garderez votre place, nous garderons la nôtre ».

Quelle est la nation qui acceptera un pareil compromis ?

L'Allemagne, nous l'avons dit, n'a consenti à aller à la Conférence de La Haye qu'à la condition absolue de ne pas voir soulever la question de la réduction des effectifs ; ce n'est donc pas elle qui prendra l'initiative de la proposition. Malgré ce refus catégorique, M. d'Estournelles estime qu'il faut la soulever. Dans une lettre adressée au ministre de la marine, il dit que « cette initiative provoquerait la sympathie et même l'enthousiasme des autres peuples, par conséquent le gouvernement allemand ne voudrait pas prendre devant le monde et l'opinion allemande elle-même, la responsabilité d'être seul à faire échec à un progrès universellement réclamé ».

Je crois que c'est se faire une singulière illusion que de vivre dans l'espérance que l'empereur Guillaume reculera devant une semblable responsabilité ; il ordonnera aux délégués allemands de se retirer de la Conférence. En admettant que, malgré cette abstention, la proposition soit discutée et acceptée, elle ne pourrait jamais être mise en pratique, les puissances ne voulant pas, ne pouvant pas réduire leurs forces en présence d'une armée aussi redoutable que l'armée allemande qui a pris pour devise : La force prime le droit.

La France est la troisième nation pouvant proposer une réduction dans les armements. Le peut-elle?

Un de mes jeunes amis et un des membres les plus sympathiques de notre Chambre des députés a écrit, sur ce sujet, dans les *Annales parlementaires* : « Pendant trente années, l'Europe abusée sur nos intentions véritables, s'est armée à notre exemple pour nous contraindre, s'il le fallait, à renoncer à jeter le trouble dans le monde.

« Si demain, sans vouloir rien diminuer de notre puissance défensive, nous affirmons, d'une façon éclatante, notre politique par une diminution d'effectif et de nos dépenses militaires, l'Europe ne peut que suivre à son tour l'exemple que nous aurons donné.

Réduire les premiers nos charges militaires, c'est donc une question beaucoup plus haute encore qu'une économie féconde de 150 millions, qu'une nécessaire diminution d'effectif de 100 000 hommes ; ces réductions peuvent être le point de départ d'un mouvement inverse de celui qui emporte l'Europe depuis vingt ans ». Qui ne voit dans cette théorie un terrible danger pour la France?

La République, depuis trente ans, n'a-t-elle pas suffisamment donné à l'Europe des preuves de ces pensées pacifiques?

Notre budget de la guerre qui, en 1880, s'élevait à 721 millions, est descendu, en 1906, à 690 millions. Alors que toutes les puissances augmentent leurs forces militaires, nous restons stationnaires, nous les diminuons même. Nous avons supprimé bon nombre de quatrièmes bataillons. A cette mesure de paix, l'Allemagne répond tous les ans par des créations nouvelles; tout récemment encore, son armée s'est augmentée de deux bataillons d'infanterie, deux bataillons d'artillerie et un régiment de cavalerie.

La France, en raison de la forme même de son gouvernement, à cause des idées de liberté et d'émancipation qu'elle a répandues dans le monde et qu'elle veut continuer à répandre, s'est créé des amitiés dans les peuples, mais aussi des haines ailleurs. Tant que les peuples ne seront pas devenus les maîtres absolus de leurs volontés et de leurs destinées, le devoir de nos gouvernants est de préparer le pays à la lutte qui lui sera peut-être bientôt imposée. Nous avons la conviction profonde que ceux mêmes qui prônent à outrance le désarmement, reculeraient devant une pareille responsabilité, s'ils étaient au pouvoir ; ce n'est pas à la France à prendre l'initiative que nous désirons voir s'accomplir, et, avec Gambetta, nous répétons : Que messieurs les vainqueurs commencent.

Il ne suffit pas de proposer le désarmement, il faut rechercher s'il est réellement possible et sur quelles données il doit être basé.

L'Union interparlementaire voudrait que les gouvernements soient mis dans l'obligation d'opérer le désarmement. Il ne saurait être douteux pour personne que tous les gouvernements désirent la paix, il serait criminel de vouloir la guerre ; ils voudraient tous économiser les millions qui leur manquent souvent pour équilibrer leurs budgets, aussi sommes-nous convaincus que tous ont cherché une formule de désarmement sans la trouver. Les amis de la paix, s'ils la possèdent, doivent nous la donner, leur initiative privée doit se substituer à l'action gouvernementale en défaut ; qu'ils nous fassent entrevoir la solution de ce difficile problème que personne ne parvient à résoudre.

Vainement avons-nous recherché sur quelles bases pouvait être établie la limitation des effectifs.

Si nous nous demandons sur quelles données devrait être réglée la puissance des flottes, il semble qu'on ne puisse prendre pour base des forces nouvelles que le développement des côtes ou l'importance des colonies; examinons les deux cas.

Si la France ajoute au développement de ses côtes continentales, le développement des côtes de la Corse et de l'Algérie qui forme trois départements français, nous obtenons un développement total qui n'est pas loin d'avoir celui de la Grande-Bretagne ; il en résulterait que notre flotte devrait arriver à égaler celle de l'Angleterre ou celle de l'Angleterre devrait être réduite à la force de la nôtre. C'est une solution que nos amis d'au delà de la Manche n'accepteront jamais.

La proposition voulant baser la puissance des flottes sur l'importance des colonies ne nous paraît pas également pouvoir être acceptée.

La France et l'Angleterre ayant de nombreuses colonies auraient une flotte puissante ; l'Allemagne, au contraire, verrait sa flotte réduite à rien. Espère-t-on qu'elle acceptera la discussion sur cette base? Un diplomate des plus distingués a bien dit : « La plupart des grandes puissances sont satisfaites de leurs possessions coloniales ; l'Allemagne, au contraire, n'est pas satisfaite ; il y a là précisément l'élément d'un accord et non d'un conflit, et cet accord, par des concessions mutuelles, durables, pourrait se réaliser si on voulait ».

Sur quelles bases cet accord pourrait-il être conclu? Veut-on parler de la cession à l'Allemagne de nos possessions d'Indo-Chine ou de Madagascar, ou même de nos provinces algériennes en échange de l'Alsace et de la Lorraine? Il faudrait connaître la pensée de l'auteur de la proposition pour en discuter les avantages et les inconvénients et en examiner les conséquences. Veut-il parler d'une indemnité pécuniaire? C'est peu probable, puisque l'accord devrait avoir pour but de donner à l'Allemagne des colonies qu'elle n'a pas.

Si nous recherchons maintenant sur quelles bases il conviendrait de fixer la quotité des forces des armées de terre, il semble qu'elle ne peut être fixée que d'après l'étendue et la vulnérabilité des frontières, sur le chiffre de la population de la nation ou enfin sur la richesse économique et financière des puissances.

Si nous considérons la force de l'armée basée sur l'étendue et la vulnérabilité des frontières terrestres, nous arrivons à une solution par trop désavantageuse pour la France. Nos frontières du Sud et du Sud-Est sont formées par les Pyrénées et les Alpes, qui sont peu vulnérables et facilement défendables. Le reste de nos frontières est partiellement garanti par la neutralité de la Suisse et de la Belgique, neutralité qui serait respectée dans l'avenir, nous devons l'admettre, comme le serait la convention concernant la limitation des effectifs ; la partie de nos frontières attaquable se trouverait donc singulièrement réduite ; elle serait cinq à six fois au moins plus petite que la partie attaquable des frontières allemandes, ce qui nous conduirait à avoir une armée cinq à six fois moindre. La sécurité de la France serait-elle assurée alors?

Le désarmement opéré en prenant pour base la population est certainement la règle la seule juste.

La population de la France ne dépasse pas 38 millions d'habitants ; celle de l'Allemagne va atteindre 60 millions. D'après un renseignement que je trouve dans des documents émanant de la Chambre des députés, tandis que nous incorporons annuellement 5620 recrues par million d'habitants, l'Allemagne n'en incorpore que 4120. Admettons que la réduction des effectifs s'opère sur la base de l'incorporation de 4000 recrues par million d'habitants; nous aurions alors une armée formée de 38 fois 4000 hommes, soit 152 000 hommes pour une année et qui se trouverait portée à 304000 hommes avec les deux années de services prévues par la loi du 21 mars 1905, sans tenir compte, bien entendu, des réductions forcées durant cette période. L'Allemagne, avec ses 60 millions d'habitants, aurait 60 fois 4000 hommes pour la première année et autant pour la deuxième, ce qui porterait l'effectif de son armée à 480000 hommes au lieu des 304000 hommes qu'aurait l'armée française. Cette différence deviendra encore plus grande si nous tenons compte de l'effectif permanent dans les deux armées. En Allemagne, le nombre des rengagés dépasse 80 000 et il pourra être augmenté à volonté en raison des avantages qui leur sont faits et qui sont tenus, tandis qu'en France, il n'est que de 31 000, et nous ne serions pas surpris de voir ce nombre diminuer le jour où nos sous-officiers s'apercevront qu'en leur donnant un emploi civil, l'État les lèse dans leurs intérêts les plus chers; mais ce n'est pas le moment d'examiner cette question. Nous nous bornons à constater que la limitation des effectifs, basée sur la population, serait désastreuse pour la France.

La réduction des armées peut-elle être fixée d'après la richesse économique de la nation, et quels sont les effets que les dépenses militaires ont sur la fortune publique?

L'armée, incontestablement, entraîne l'État dans des dépenses excessives qui pourraient être plus utilement employées à développer l'agriculture, l'industrie, le commerce, ou encore à soulager des infortunes; mais elles ne sont pas toutes sans profit aucun pour le pays, comme certains voudraient le faire croire. L'argent qui est donné par le Trésor pour l'entretien de l'armée revient au Trésor ; l'armée le rend aux contribuables sous une forme ou sous une autre. L'État ne profite-t-il pas des dépenses que font les officiers sur leur solde au même titre qu'il profite des dépenses faites sur leurs appointements par les sénateurs, députés, préfets et autres fonctionnaires civils?

Tout ce qui est nécessaire à l'armée ne constitue-t-il pas un élément d'activité industrielle, agricole et commerciale? N'avons-nous pas vu plusieurs fois des membres du Parlement protester contre la suppression de certains effets d'habillement, tels que les épaulettes ou les gants, soutenant que cette suppression occasionnerait la ruine d'un commerce local?

Dans l'intérêt de la production française, n'avons-nous pas vu encore le Parlement consentir à payer le quintal métrique des viandes de conserve 230 et 250 francs, alors que l'étranger le livrait à 100 francs? Nous pourrions citer encore telle usine métallurgique qui se trouvait dans une situation des plus prospères, utilisant 3000 ouvriers, tant que les commandes de la guerre ont afflué et qui, depuis qu'elles ont cessé, s'est vue dans la nécessité d'éteindre de nombreux fours, jetant les ouvriers dans une profonde misère.

L'objection la plus sérieuse que l'on puisse faire contre l'armée, c'est la perte pour l'État des journées de travail productif que les hommes présents sous les drapeaux pourraient donner ; mais toutes les nations ne se trouvent-elles pas dans le même cas? La concurrence commerciale et industrielle qui nous est faite peut-elle en tirer profit à notre détriment?

On nous dit encore que les bras manquent à l'industrie et à l'agriculture. Rien ne nous prouve que la main-d'œuvre manque à l'industrie ; les journaux socialistes nous le disent en défendant la cause des « sans-travail ». C'est surtout l'action mécanique se substituant peu à peu à l'action humaine qui tend à augmenter le nombre des « sans-travail ». Telle usine de draps qui confectionne 6000 mètres de drap par jour n'utilise pas aujourd'hui 500 ouvriers, alors que pour faire la même production, elle aurait dû en avoir 3000, il y a cinquante ans. La majorité des engagés volontaires ne provient-elle pas des ouvriers sans travail?

L'agriculture seule souffre du manque de bras, c'est un fait qui paraît incontestable ; mais l'appel sous les armes est-il la seule cause de cette situation? Depuis un demi-siècle, des terrains nombreux ont été défrichés, des bois ont été mis en culture, les ouvriers manquent pour les faire produire; les machines agricoles ne sont pas encore assez répandues ; elles sont d'un prix trop élevé ou ne peuvent être utilisées dans des propriétés trop morcelées. Les chemins de fer ont facilité l'exode des jeunes gens vers les villes, où ils trouvent des plaisirs plus faciles et une rémunération plus forte de leurs peines ; enfin l'instruction plus répandue les éloigne d'un travail manuel pénible entre tous et peu rétribué. Il appartient aux économistes de chercher le remède au mal qui est plus grave pour la France que pour toutes les autres nations, en raison des diminutions constantes dans la natalité ; mais nous nous refusons à l'attribuer, comme cause principale et unique, à la présence des jeunes gens sous les drapeaux, surtout depuis que nous avons le recrutement régional et le service de deux ans.

Comme nous venons de le démontrer, toutes les dépenses qu'entraîne l'entretien d'une armée ne sont pas des dépenses improductives ; ce qui est improductif ce sont les milliards d'indemnité de guerre qui sont la conséquence de la défaite.

Un de nos illustres savants, M. Berthelot, dans un de ses discours, nous dit : « La science nous enseigne que la guerre et le pillage ne sont pas les moyens véritables et durables pour acquérir le bien-être et le bonheur ; ils détruisent le fruit du travail des vaincus en le livrant à l'arbitraire des vainqueurs qui s'empressent trop souvent de gaspiller ces biens mal acquis. Mais ni la guerre, ni la violence ne créent aucune source nouvelle de richesse dans le monde. Toute richesse doit être le fruit du travail, c'est la science qui l'accroît sans cesse. Oui, les seules ressources inépuisables de richesse et de puissance sont celles que la science moderne multiplie chaque jour pour le bien-être des hommes, pour la mise en jeu pacifique des forces naturelles que le labeur des ouvriers et des paysans met en œuvre et féconde. L'œuvre de la science a grandi, surtout depuis deux siècles, en faisant reculer devant elle l'antique ignorance, l'antique fanatisme et l'antique barbarie ».

Quelles superbes pensées exprimées en

phrases magnifiquement tournées ! mais, si, au lieu de rester dans les idées philosophiques et éthérées, nous voulons envisager la vie dans sa réalité, nous ne tardons pas à être convaincus que les faits ne répondent guère à ces belles théories.

La guerre de 1870 a augmenté notre dette de 14 milliards ; elle a coûté à l'Allemagne 1 milliard 250 millions. Sur les milliards et les millions que nous avons dû payer comme indemnité de guerre, ses frais de guerre remboursés, l'Allemagne a pu consacrer 4 milliards à refaire le matériel de ses armées, à multiplier ses lignes ferrées et augmenter son matériel des chemins de fer ; elle a pu protéger son industrie, aider à l'organisation d'usines puissantes, développer sa marine marchande... Le vainqueur n'a-t-il pas trouvé là une grande source de richesse ?

Que réserve une autre guerre au vaincu ? On ne peut le prévoir, mais nous augurons mal. Nous nous sommes laissé dire que lorsque M. de Bismarck connut le résultat de l'emprunt de 5 milliards qui avait été couvert quarante-trois fois, il aurait dit à M. de Moltke : Je vous l'avais bien dit, il fallait demander à la France dix et même vingt milliards. — C'est vrai, aurait répondu l'illustre chef d'État-major, je ne croyais pas la France aussi riche, et, dans une boutade, il aurait ajouté : ce sera pour la prochaine fois. Nous ne nous porterons pas, bien entendu, garant de l'authenticité de ces paroles ; néanmoins, pensons-y et ne faisons pas qu'un jour elles puissent être vraies.

La France est incontestablement une nation riche ; les impôts rentrent plus aisément que dans tout autre pays, nous supportons sans trop de peine notre énorme dette, nous sommes encore loin du cataclysme que prédisent les ennemis de la République ; cette richesse fait que nous pouvons tenir notre puissance militaire à hauteur des perfectionnements qu'apporte la science moderne et qui permettent, à un certain point de vue, d'équilibrer la faiblesse de nos effectifs, mais elle ne donne pas une base pour fixer les réductions qui doivent être imposées aux armées.

Certainement la limitation des dépenses navales et militaires apparaît à tout le monde comme un acte de sagesse et de prévoyance, mais, après ce que nous venons de dire, nous ne voyons pas sur quelles bases il est possible de l'établir pour qu'elle puisse être acceptée ; tant qu'il existera chez les peuples des arrière-pensées ambitieuses, des rivalités réciproques, des intérêts si différents, des appétits si divers, tant que nous ne serons pas « transportés dans un monde idéal où le tien et le mien soient inconnus ». Aux amis de la paix de nous en donner les moyens.

CONCLUSION

Les inventions nouvelles, notamment la vapeur et l'électricité, ont fait naître entre les nations des rapports scientifiques, littéraires, artistiques et surtout économiques qui tendent à les rapprocher les unes des autres. Par suite de ces relations et d'intérêts devenus communs, les unions entre les familles des diverses nations deviennent de plus en plus fréquentes, détruisant peu à peu les éléments de discorde qui pouvaient exister entre elles. La Révolution a semé dans les peuples un sentiment de fraternité qui les pousse à se rapprocher ; enfin les sentiments humanitaires qui pénètrent de plus en plus dans la société moderne font aujourd'hui considérer la guerre comme un acte monstrueux et contraire à toute idée civilisatrice.

Les guerres seront donc de plus en plus rares ; elles le deviendront aussi parce que les énormes effectifs qui seront mis en mouvement par l'appel sous les armes de toute la population valide amènera de tels désordres dans l'organisme social qu'il en résultera un arrêt dans le commerce, l'industrie et l'agriculture, arrêt qui aura pour conséquence une forte surélévation des prix de tous les produits nécessaires à la vie ; ce qui fait que les guerres futures devront être considérées non seulement comme une calamité militaire, mais aussi comme une calamité économique.

Mais il faut tenir compte des sentiments et des faiblesses qui, dans toutes leurs actions, animent les peuples comme les individus ; aussi quels que soient les désirs des amis de la paix et des gouvernements d'éviter les malheurs que les guerres doivent entraîner, les guerres sont toujours à redouter.

Nul plus que nous ne se réjouirait de voir toutes les nations accepter l'arbitrage comme moyen de résoudre les désaccords existant entre elles ; nul plus que nous ne se féliciterait d'entendre le dernier de nos canons tirant le dernier de nos obus en signe d'allégresse, sonnant ainsi l'heure de la fin des luttes fratricides qui désolent le monde ; nul plus que nous encore n'appelle de tous ses vœux la fin de cette situation de paix armée qui devient plus ruineuse qu'une guerre et qui, suivant l'expression du premier ministre anglais, Sir Campbell Bannermann, nous conduit fatalement à un cataclysme : « Les crises économiques dues en grande partie au régime des armements à outrance et le danger continuel qui gît dans cet amoncellement du matériel de guerre transforment la paix armée de nos jours en un fardeau écrasant que les peuples ont de plus en plus de peine à porter. Il paraît évident, dès lors, que, si la situation se prolongeait, elle conduirait fatalement à ce cataclysme même qu'on tient à écarter et dont les horreurs font frémir à l'avance toute pensée humaine ».

Pour si énormes que soient les dépenses qu'exige la paix armée, elles sont moins douloureuses que les dépenses et le morcellement de la Patrie, que la défaite entraînerait avec elle. Quoique, dans une pensée unanime, toutes les puissances désirent la paix, un conflit est toujours possible, nous devons nous préparer à le subir. L'horizon politique n'est pas d'une clarté sereine ; les points noirs restent nombreux ; l'orage éclate parfois au moment où la sécurité paraît être la plus complète. Dans les premiers mois de 1870, Jules Favre disait à la Chambre des députés : « Une nation comme la France, qui s'organise en pleine paix pour une grande guerre, quand rien ne la menace, c'est une coupable folie, une mesure funeste aux finances du pays, à sa moralité, à sa grandeur, à sa prospérité matérielle ». Moins de trois mois après éclatait la plus effroyable des guerres ; nous perdions l'Alsace et la Lorraine et devions payer une indemnité de cinq milliards. On nous dira que la France, ne cherchant pas des conquêtes nouvelles, devant se borner à défendre son territoire, ne voulant faire que la guerre défensive, peut limiter ses forces. La guerre défensive est une ineptie militaire ; à la guerre, le meilleur moyen de se défendre est souvent d'attaquer ; lorsque deux escrimeurs vont sur le terrain, si le plus fort des deux ne veut faire que de la défense, on peut affirmer qu'il finira par être touché par le plus faible.

Les points noirs sont nombreux, avons-nous dit, l'horizon politique en est couvert.

La mort du sultan ou celle de l'empereur d'Autriche ne peuvent-elles ouvrir l'ère des conflits?

La question du Maroc n'est-elle pas une menace pour la paix publique?

Tel peuple ne voudra-t-il pas achever l'hégémonie de sa nationalité et tel autre reprendre ce qu'on lui a pris? C'est la France demandant qu'on lui rende l'Alsace et la Lorraine ; c'est l'Allemagne ambitionnant le Luxembourg, les Pays-Bas ou des provinces autrichiennes; c'est l'Italie réclamant Trieste et peut-être aussi Nice et la Savoie, le berceau de sa royauté.

Ne verrons-nous plus un gouvernement cherchant à sortir d'une situation intérieure embarrassée par une guerre qu'il espère glorieuse, ou un souverain autocratique déclarer la guerre parce qu'il se sent menacé par les idées acceptées dans un pays voisin, idées qu'il considère comme subversives et qu'il craint de voir produire une révolution dans ses États ?

La guerre ne sortira-t-elle pas du développement industriel et commercial d'une nation pouvant amener la ruine d'une nation rivale?

La torche qui doit enflammer le monde ne sera-t-elle pas brandie par ceux mêmes qui veulent supprimer les guerres?

M. Berthelot, dans un discours prononcé

au banquet offert aux délégués de la paix du Danemark, de la Suède et de la Norvège, s'est exprimé en ces termes : « La civilisation moderne doit reposer de plus en plus sur ces grands principes proclamés par la raison et la philosophie, en vertu desquels nul n'a le droit de s'imposer par la force ; toute domination doit reposer désormais sur le libre consentement des populations ; nul différend ne doit aboutir à l'asservissement des citoyens, au démembrement des territoires, au pillage de la fortune privée ou de la fortune publique du vaincu par le vainqueur ». Qu'a donc fait la France en Algérie, en Indo-Chine, à Madagascar et ailleurs? Ne s'est-elle pas imposée par la force? Nous cherchons à justifier notre intervention en disant que nous importons chez ces peuples les idées civilisatrices; mais la civilisation est une chose relative ; ces peuples ne veulent pas de notre civilisation, ils la trouvent contraire à leurs intérêts et à leurs idées religieuses ; ils la subissent et nous obligent à maintenir dans ces contrées une force suffisante afin de maîtriser leurs tentatives pour reprendre leur liberté.

« Toute domination, dit encore M. Berthelot, doit reposer sur le libre consentement des populations. » Que l'on demande à l'Autriche si elle veut donner Trieste à l'Italie, à l'Allemagne si elle veut nous restituer l'Alsace et la Lorraine, à l'Angleterre si elle veut rendre leur autonomie aux Républiques sud-africaines? N'y a-t-il pas là, pour l'avenir, des causes de guerre?

Nous trouvons encore des causes de guerre dans les théories du parti le plus extrême.

Les internationalistes qui veulent supprimer les frontières, qui ne reconnaissent pas de patrie, qui proclament frères les prolétaires de tous les pays, voient l'ennemi dans la classe qui possède. A la bourgeoisie une guerre à outrance, et cette mêlée affreuse contre laquelle ils protestent et s'élèvent, ils la veulent donc en lui donnant un autre objectif; ce ne sera plus une guerre contre l'étranger, ce sera une guerre plus horrible encore, une guerre contre les amis et les parents; au lieu d'être accidentelle, ils la veulent en permanence, puisqu'il y aura toujours dans le monde des différences dans la situation et la fortune des hommes.

Oublions cette dernière éventualité qui, espérons-le, ne se produira jamais. Ne pensons qu'à l'étranger et déclarons que la concorde et la paix forment un idéal qui n'est pas dans la nature humaine; l'homme veut la lutte; il l'aime dès son enfance; à l'âge mûr il l'aime encore. Les discussions violentes que nous voyons journellement dans les réunions publiques et les assemblées parlementaires composées d'hommes intelligents et instruits ne nous permettent pas d'espérer la prudence et la sagesse des foules impressionnables et inintelligentes. Nous savons combien il est facile, à un moment donné, de créer une excitation populaire sur une question, même de minime importance, pour qu'elle arrive à réclamer impérieusement la guerre ; il suffit de se rappeler les diatribes enflammées de la presse étrangère lors des incidents de Fachoda et de Hull, ou bien encore au moment de l'affaire Schnœbelé ou du Maroc.

Le salut de la France veut que nous ayons une armée puissante, bien outillée, non pour que l'étranger voit en elle une menace, mais pour donner au pays la sécurité.

C'est parce que l'Allemagne savait que nous n'étions pas prêts en 1870, qu'habilement elle nous a amenés à faire la guerre.

C'est parce que le Japon connaissait les ressources militaires de la Russie en Extrême-Orient et l'impossibilité dans laquelle elle se trouvait de les augmenter rapidement par un chemin de fer inachevé qu'il a brusqué les événements. Les Russes vivaient dans l'espérance que la paix ne serait pas troublée ; un de leurs colonels nous a dépeint l'état d'esprit de l'armée : « Depuis l'initiative du tzar en 1898, nous ne croyions plus à la guerre ; elle nous paraissait impossible, on ne cessait de le dire ; on nous endormait par des paroles et des écrits pacifistes ; la préparation à des événements tragiques était le dernier souci du gouvernement ; voilà son crime ».

N'imitons pas la France de 1870 ou la Russie de 1904 ; il en coûte trop cher. Maintenons nos effectifs, conservons nos approvisionnements au complet ; si notre situation financière exige des économies, elle en exige, cherchons-les en débarrassant l'organisme militaire de tout ce qui n'est pas absolument indispensable pour la guerre, sans écouter les criailleries des intéressés qui diront qu'on désorganise l'armée sans le croire. Nous pourrons ainsi attendre, avec confiance, le jour où les peuples oubliant leurs rancunes, leurs jalousies, leurs intérêts même, pour n'envisager que la haute justice et la sereine confraternité qui nous montrerait l'humanité dans toute sa beauté, formeront cette coalition dont parle l'immortel auteur de la *Critique de la raison*, le grand philosophe Kant : « Le jour viendra sûrement, où se constitueront les États-Unis d'Europe, mais jusqu'à ce jour suprême, chaque peuple devra avoir la main sur la garde de son épée ; autrement il risquerait de disparaître avant le grand jour ».

ANNEXE N° I

La Convention Franco-Espagnole.

Le Président de la République française, sur la proposition du Ministre des affaires étrangères, décrète :

Une convention d'arbitrage ayant été conclue à Paris, le 26 février 1904, entre la France et l'Espagne, et les ratifications de cet acte ayant été échangées à Paris, le 20 avril 1904, la dite convention dont la teneur suit recevra sa pleine et entière exécution.

Le gouvernement de la République française et le gouvernement de Sa Majesté le roi d'Espagne, signataires de la Convention pour le règlement pacifique des conflits internationaux, conclue à La Haye, le 29 juillet 1899 :

Considérant que, par l'article 19 de cette

Convention, les hautes parties contractantes se sont réservé de conclure des accords en vue du recours à l'arbitrage, dans tous les cas qu'elles jugeront possible de lui soumettre,

Ont autorisé les soussignés à arrêter les dispositions suivantes :

Article premier. — Les différends d'ordre juridique ou relatifs à l'interprétation des traités existant entre les deux parties contractantes, qui viendraient à se produire entre elles et qui n'auraient pu être réglés par la voie diplomatique, seront soumis à la Cour permanente d'arbitrage établie par la Convention du 29 juillet 1899 à La Haye, *à la condition toutefois, qu'ils ne mettent en cause ni les intérêts vitaux, ni l'indépendance ou l'honneur des deux États contractants et qu'ils ne touchent pas aux intérêts de tierces puissances.*

Art. 2. — Dans chaque cas particulier, les hautes parties contractantes, avant de s'adresser à la Cour permanente d'arbitrage, signeront un compromis spécial déterminant nettement l'objet du litige, l'étendue des pouvoirs des arbitres et les délais à observer, en ce qui concerne la constitution du tribunal arbitral et la procédure.

Art. 3. — Le présent arrangement est conclu pour une durée de cinq années à partir du jour de la signature.

Fait à Paris, en double exemplaire, le 20 février 1904.

Signé : Delcassé.

Signé : F. de Leon y Castillo.

Fait à Paris, le 22 avril 1904.

Émile Loubet.

ANNEXE N° II

Convention de Genève revisée le 6 juillet 1906

CHAPITRE PREMIER. — Des blessés et malades.

Article premier. — Les militaires et les autres personnes officiellement attachées aux armées, qui seront blessés ou malades, devront être respectés et soignés, sans distinction de nationalité, par le belligérant qui les aura en son pouvoir. Toutefois le belligérant, obligé d'abandonner des malades ou des blessés à son adversaire, laissera avec eux, autant que les circonstances militaires le permettront, une partie de son personnel et de son matériel sanitaires pour contribuer à les soigner.

Art. 2. — Sous réserve des soins à leur

fournir en vertu de l'article précédent, les blessés ou malades d'une armée tombés au pouvoir de l'autre belligérant sont prisonniers de guerre, et les règles générales du droit des gens concernant les prisonniers leur sont applicables.

Cependant les belligérants restent libres de stipuler entre eux, à l'égard des prisonniers blessés ou malades, telles clauses d'exception ou de faveur qu'ils jugeront utiles ; ils auront, notamment, la faculté de convenir :

De se remettre réciproquement, après un combat, les blessés laissés sur le champ de bataille ;

De renvoyer dans leur pays, après les avoir mis en état d'être transportés ou après guérison, les blessés ou malades qu'ils ne voudront pas garder prisonniers; de remettre à un État neutre, du consentement de celui-ci, des blessés ou malades de la partie adverse, à la charge par l'État neutre de les interner jusqu'à la fin des hostilités.

Art. 3. — Après chaque combat, l'occupant du champ de bataille prendra des mesures pour rechercher les blessés et pour les faire protéger, ainsi que les morts, contre le pillage et les mauvais traitements. Il veillera à ce que l'inhumation ou l'incinération des morts soit précédée d'un examen attentif de leurs cadavres.

Art. 4. — Chaque belligérant enverra, dès qu'il sera possible, aux autorités de leur pays ou de leur armée les marques ou pièces militaires d'identité trouvées sur les morts et l'état nominatif des blessés ou malades recueillis par lui.

Les belligérants se tiendront réciproquement au courant des internements et des mutations, ainsi que des entrées dans les hôpitaux et des décès survenus parmi les blessés et malades en leur pouvoir. Ils recueilleront tous les objets d'un usage personnel, valeurs, lettres, etc., qui seront trouvés sur le champ de bataille ou délaissés par les blessés ou malades décédés dans les établissements ou formations sanitaires, pour les faire transmettre aux intéressés par les autorités de leur pays.

Art. 5. — L'autorité militaire pourra faire appel au zèle charitable des habitants pour recueillir et soigner, sous son contrôle, des blessés ou malades des armées, en accordant aux personnes ayant répondu à cet appel une protection spéciale et certaines immunités.

CHAPITRE II. — Des formations et établissements sanitaires.

Art. 6. — Les formations sanitaires mobiles (c'est-à-dire celles qui sont destinées à accompagner les armées en campagne) et les établissements fixes du service de santé seront respectés et protégés par les belligérants.

Art. 7. — La protection due aux formations et établissements sanitaires cesse si l'on en use pour commettre des actes nuisibles à l'ennemi.

Art. 8. — Ne sont pas considérés comme étant de nature à priver une formation ou un établissement sanitaire de la protection assurée à l'article 6 :

1° Le fait que le personnel de la formation ou de l'établissement est armé et qu'il use de ses armes pour sa propre défense et celle de ses malades et blessés ;

2° Le fait qu'à défaut d'infirmiers armés, la formation ou l'établissement est gardé par un piquet ou des sentinelles munis d'un mandat régulier ;

3° Le fait qu'il est trouvé dans la formation ou l'établissement des armes ou cartouches retirées aux blessés et n'ayant pas encore été versées au service compétent.

CHAPITRE III. — Du personnel.

Art. 9. — Le personnel exclusivement

affecté à l'enlèvement, au transport et au traitement des blessés et des malades, ainsi qu'à l'administration des formations et établissements sanitaires, les aumôniers attachés aux armées, seront respectés et protégés en toute circonstance ; s'ils tombent entre les mains de l'ennemi, ils ne seront pas traités comme prisonniers de guerre.

Ces dispositions s'appliquent au personnel de garde des formations et établissements sanitaires dans le cas prévu à l'article 8, nº 2.

Art. 10. — Est assimilé au personnel visé à l'article précédent, le personnel de sociétés de secours volontaires dûment reconnues et autorisées par leur gouvernement, qui sera employé dans les formations et établissements sanitaires des armées, sous la réserve que le dit personnel sera soumis aux lois et règlements militaires.

Chaque État doit notifier à l'autre, soit dès le temps de paix, soit à l'ouverture ou au cours des hostilités, en tout cas avant tout emploi effectif, les noms des sociétés qu'il a autorisées à prêter leur concours, sous sa responsabilité, au service sanitaire officiel de ses armées.

Art. 11. — Une société reconnue d'un pays neutre ne peut prêter le concours de ses personnels et formations sanitaires à un belligérant qu'avec l'assentiment préalable de son propre gouvernement et l'autorisation du belligérant lui-même. Le belligérant qui a accepté le secours est tenu, avant tout emploi, d'en faire notification à son ennemi.

Art. 12.— Les personnes désignées dans les articles 9, 10 et 11 continueront, après qu'elles seront tombées au pouvoir de l'ennemi, à remplir leurs fonctions sous sa direction.

Lorsque leur concours ne sera plus indispensable, elles seront renvoyées à leur armée ou à leur pays dans les délais et suivant l'itinéraire compatible avec les nécessités militaires.

Elles emporteront alors les effets, les instruments, les armes et les chevaux qui sont leur propriété particulière.

Art. 13. — L'ennemi assurera au personnel visé par l'article 9, pendant qu'il sera en son pouvoir, les mêmes allocations et la même solde qu'au personnel des mêmes grades de son armée.

CHAPITRE IV. — Du matériel.

Art. 14. — Les formations sanitaires mobiles conserveront, si elles tombent au pouvoir de l'ennemi, leur matériel y compris les attelages, quels que soient les moyens de transport et le personnel conducteur.

Toutefois, l'autorité militaire compétente aura la faculté de s'en servir pour les soins des blessés et malades ; la restitution du matériel aura lieu dans les conditions prévues par le personnel sanitaire, et, autant que possible, en même temps.

ART. 15. — Les bâtiments et le matériel des établissements fixes demeurent soumis aux lois de la guerre, mais ne pourront être détournés de leur emploi, tant qu'ils seront nécessaires aux blessés et aux malades. Toutefois les commandants des troupes d'opérations pourront en disposer, en cas de nécessités militaires importantes, en assurant au préalable le sort des blessés et malades qui s'y trouvent.

ART. 16. — Le matériel des sociétés de secours, admises au bénéfice de la Convention conformément aux conditions déterminées par celles-ci, est considéré comme propriété privée et, comme tel, respecté en toute circonstance, sauf le droit de réquisition reconnu aux belligérants selon les lois et usages de la guerre.

CHAPITRE V. — DES CONVOIS D'ÉVACUATION.

ART. 17. — Les convois d'évacuation seront traités comme les formations sanitaires mobiles, sauf les dispositions spéciales suivantes :

1° Le belligérant interceptant un convoi pourra, si les nécessités militaires l'exigent, le disloquer en se chargeant des malades et blessés qu'il contient ;

2° Dans ce cas, l'obligation de renvoyer le personnel sanitaire, prévue à l'article 12, sera étendue à tout le personnel militaire préposé au transport ou à la garde du convoi et muni à cet effet d'un mandat régulier.

L'obligation de rendre le matériel sanitaire, prévue à l'article 14, s'appliquera aux trains des chemins de fer et bateaux de la navigation intérieure, spécialement organisés pour les évacuations, ainsi qu'au matériel d'aménagement des voitures, trains et bateaux ordinaires appartenant au service de santé.

Des voitures militaires, autres que celles du service de santé, pourront être capturées avec leurs attelages.

Le personnel civil et les divers moyens de transport provenant de la réquisition, y compris le matériel des chemins de fer et les bateaux utilisés pour les convois, seront soumis aux règles générales du droit des gens.

CHAPITRE VI. — Du signe distinctif.

Art. 18. — Par hommage pour la Suisse, le signe héraldique de la Croix-Rouge sur fond blanc, formé par interversion des couleurs fédérales, est maintenu comme emblème et signe distinctif du service sanitaire des armées.

Art. 19. — Cet emblème figure sur les drapeaux, brassards, ainsi que sur tout le matériel se rattachant au service sanitaire, avec la permission de l'autorité compétente.

Art. 20. — Le personnel protégé en vertu des articles 9, alinéas 1er, 10 et 11, porte, fixé au bras gauche, un brassard avec croix rouge sur fond blanc, délivré et timbré par l'autorité militaire compétente, accompagné du certificat d'identité pour les personnes rattachées au service de santé des armées et qui n'auraient pas d'uniforme militaire.

Art. 21. — Le drapeau distinctif de la Convention ne peut être arboré que sur les formations et établissements sanitaires qu'elle ordonne de respecter et avec le consentement de l'autorité militaire. Il devra être accompagné du drapeau national du belligérant dont relève la formation ou l'établissement.

Toutefois, les formations sanitaires tombées au pouvoir de l'ennemi n'arboreront pas d'autre drapeau que celui de la Croix-

Rouge, aussi longtemps qu'elles se trouveront dans cette situation.

Art. 22. — Les formations sanitaires des pays neutres qui, dans les conditions prévues à l'article 11, auraient été autorisées à fournir leurs services, doivent arborer, avec le drapeau de la Convention, le drapeau national du belligérant dont elles relèvent. Les dispositions du deuxième alinéa de l'article précédent leur sont applicables.

Art. 23. — L'emblème de la Croix-Rouge sur fond blanc et les mots Croix-Rouge ou Croix de Genève ne pourront être employés, soit en temps de paix, soit en temps de guerre, que pour protéger ou désigner les formations et établissements sanitaires, le personnel et le matériel protégés par la Convention.

CHAPITRE VII. — De l'application et de l'exécution de la Convention.

Art. 24. — Les dispositions de la présente Convention ne sont obligatoires que pour les puissances contractantes, en cas de guerre entre deux ou plusieurs d'entre elles. Ces dispositions cesseront d'être obligatoires du moment où l'une des puissances belligérantes ne serait pas signataire de la Convention.

Art. 25. — Les commandants en chef des armées belligérantes auront à pourvoir aux détails d'exécution des articles précédents, ainsi qu'aux cas non prévus, d'après les instructions de leurs gouvernements respectifs, et conformément aux principes généraux de la présente Convention.

Art. 26. — Les gouvernements signataires prendront les mesures nécessaires pour instruire leurs troupes et spécialement le personnel protégé, des dispositions de la présente Convention et pour les porter à la connaissance des populations.

CHAPITRE VIII. — De la répression des abus et des infractions.

Art. 27. — Les gouvernements signataires, dont la législation ne serait pas dès à présent suffisante, s'engagent à prendre ou à proposer à leurs législatures les mesures pour empêcher, en tout temps, l'emploi par des particuliers ou des sociétés autres que celles y ayant droit en vertu de la présente Convention, de l'emblème et de la dénomination de Croix-Rouge ou de Croix de Genève, notamment dans un but commercial, par le moyen de marques de fabrique ou de commerce.

L'interdiction de l'emploi de l'emblème ou de la dénomination dont il s'agit produira son effet à partir de l'époque déterminée par chaque législation et, au plus tard, cinq ans après la mise en vigueur de la présente Convention. Dès cette mise en vigueur, il ne sera plus licite de prendre une marque de fabrique ou de commerce contraire à l'interdiction.

Art. 28. — Les gouvernements signataires s'engagent également à prendre ou à proposer à leurs législatures, en cas d'insuffisance de leurs lois pénales militaires, les mesures nécessaires pour réprimer, en temps de guerre, les actes individuels de pillage et de mauvais traitements envers des blessés et malades de l'armée, ainsi que pour punir, comme usurpation d'insignes militaires, l'emploi abusif du drapeau et du brassard de la Croix-Rouge par des militaires ou des particuliers non protégés par la présente Convention. Ils se communiqueront, par l'intermédiaire du Conseil fédéral suisse, les dispositions relatives à cette répression, au plus tard dans les cinq ans de la ratification de la présente Convention.

DISPOSITIONS GÉNÉRALES

Art. 29. — La présente Convention sera ratifiée aussitôt que possible. Les ratifications seront déposées à Berne.

Il sera dressé du dépôt de chaque ratification un procès-verbal dont une copie, certifiée conforme, sera remise, par la voie diplomatique, à toutes les puissances contractantes.

ANNEXE N° III

La Presse en temps de guerre (1).

La presse russe, comme si elle eût voulu rassurer la nation et lui donner confiance dans le résultat final, racontait, avec force détails, tous les efforts que faisait le gouvernement pour continuer la lutte. Pas un bataillon, pas une sotnia, pas une batterie ne furent mis en route pour la Mandchourie sans que l'Europe en fût informée.

C'est par la presse russe que nous avons appris que la grosse artillerie avait été enlevée de cuirassés pour contribuer à la défense terrestre de Port-Arthur, ce qui revenait à dire à l'ennemi qu'il n'aurait plus

(1) Nous croyons utile de reproduire sur cette importante question un des articles que nous avons publiés dans le *Petit Méridional* de Montpellier, en octobre dernier.

rien à redouter de la flotte ; c'est par elle que nous avons su que la défense de Wladivostok n'était pas assurée et que les approvisionnements manquaient ; c'est la presse encore qui a fait connaître le rendement journalier du Transsibérien, les difficultés de la traversée du Baïkal, les déboires dans l'organisation de la flotte de la Baltique, ses escales successives, les avaries subies par les navires ; elle nous a dit aussi qu'au moment de son entrée dans la mer Jaune les ponts des cuirassés étaient tellement surchargés de charbon que les manœuvres étaient rendues difficiles et la vitesse des vaisseaux diminuée de plusieurs nœuds.

Tous ces renseignements étaient soigneusement recueillis par les émissaires que le Japon avait en Europe et télégraphiés à Tokio dans un langage convenu et par une voie détournée.

A l'armée russe, les correspondants étaient autorisés à circuler partout ; un jour même le général Kouropatkine a protesté parce qu'un journal l'avait accusé d'avoir porté des entraves à leur mission. Ils ont pu ainsi tout voir, les fautes militaires, les actes d'indiscipline, la décrépitude morale des officiers; s'ils ont été modérés dans leurs appréciations, c'est par un sentiment de haute convenance envers un peuple qui les accueillait avec bienveillance et sympathie. Ce n'est qu'après tous les désastres, à la date du 7 avril, que le général Liniévitch publia un ordre du jour interdisant aux militaires de communiquer aux correspondants des journaux, sans une autorisation spéciale, toute information concernant les faits de la guerre ainsi que toute appréciation relative à ces faits.

Tout autre fut la manière de faire des Japonais. Là tout est mystère, aucun renseignement concernant l'armée n'arrive à la connaissance du public en dehors des documents officiels.

Une ordonnance publiée le 29 février, au début de la guerre, interdisait aux journaux, de la manière la plus formelle, sous peine de suppression, de parler : du plan de la guerre ; des mouvements militaires ; des mouvements et de la composition de la flotte ; d'un dommage quelconque subi par un navire de guerre ou un transport japonais ; de la répartition des troupes en campagne ; des effectifs ; de la quantité de munitions consommées ; de la situation des opérations militaires et des points où elles s'effectuent ; des noms des stationnements des navires de guerre de toutes classes et des transports ; des approvisionnements de charbon ; des approvisionnements du service de l'intendance pour la marine et les troupes de terre ; de la rapidité de marche des navires de guerre et des transports.

Par cette nomenclature, on voit que les

journaux ne pouvaient parler de rien de ce qui, soit directement, soit indirectement, touchait soit à l'armée, soit à la flotte.

Le haut commandement japonais, craignant de voir divulguer les formations que les événements l'avaient amené à créer, ainsi que les mouvements de troupe, poussa la prudence jusqu'à interdire aux officiers et aux soldats d'avoir à faire connaître à leur famille le régiment, la division, l'armée à laquelle ils appartenaient ; ils ne pouvaient également mettre sur leurs lettres, ni une date, ni la localité d'où elles étaient expédiées. Dans ce but, au moment du départ pour la guerre, il fut remis à chaque homme une douzaine de cartes postales qu'il n'avait qu'à signer, portant, en imprimé, la phrase suivante :

« Cette carte est pour vous informer que je suis en vie et bien portant ; je ne puis vous donner mon adresse, car j'ignore où je serai demain ; mais votre lettre me parviendra toujours si vous copiez l'oblitération de cette carte.

Salutations à toute la famille et aux amis. »

L'oblitération était un signe spécial et secret qui ne pouvait renseigner que les fonctionnaires de la poste militaire.

Pour compléter le mystère, l'État-major japonais avait interdit d'une manière absolue d'introduire dans les corps en campagne les journaux russes ou provenant d'une autre puissance, même amie ; par contre, les journaux japonais, rédigés par le soin du gouvernement, étaient répandus à profusion avec la pensée d'exalter le courage des soldats et d'augmenter leur confiance dans le succès ; ces journaux étaient même traduits en russe et distribués aux avant-postes pour jeter la démoralisation dans l'armée ennemie.

Après avoir pris de pareilles mesures, on conçoit que le commandement japonais n'accepta qu'à contre-cœur les correspondants que les grands journaux envoyèrent en Mandchourie. S'il ne put les éliminer, il apporta tellement d'entraves à leur mission que cette mission fut rendue toujours difficile, parfois même impossible, au point que des reporters durent quitter l'armée.

C'est ainsi qu'il leur était interdit de se tenir à moins de 10 kilomètres du lieu de combat et il ne leur était permis de visiter un champ de bataille que deux jours après la fin de la lutte. Pas une dépêche ne pouvait être envoyée sans avoir été au préalable soumise à la censure qui la modifiait souvent et même la supprimait quelquefois.

Ces mesures excessives ont eu l'avantage de cacher aux Russes toutes les formations nouvelles, tous les mouvements des armées japonaises, les erreurs commises par le commandement comme les moments de défaillance et de découragement des soldats.

***

Les enseignements des dernières guerres ne doivent pas être perdus pour nous ; ils ne l'ont pas été pour les Allemands.

L'État-major de Berlin a stipulé comme suit les règles qui concernent les représentants de la presse aux armées :

« Vu le rôle capital que joue la presse de nos jours et les services qu'elle peut rendre à l'armée, il ne faut pas songer à la tenir à l'écart du théâtre des opérations. Néanmoins, en raison des inconvénients et des dangers qui résultent de la publicité même, il importe de soumettre l'organisation de la presse en campagne à une réglementation militaire et de n'admettre, en qualité de correspondants, que des personnes offrant les garanties voulues d'honorabilité, de tact, de sagacité et de délicatesse, grâce à quoi le commandement s'évite la peine d'installer un bureau de censure, institution dont le peu d'utilité est démontré par l'expérience.

Une fois admis au quartier général, les correspondants nationaux et étrangers doivent prendre l'engagement d'honneur de :

1° Ne rien divulguer sur l'emplacement, la force et les mouvements des troupes, ni sur les intentions et les plans du commandement ;

2° Dès leur arrivée à un endroit ou près d'un corps de troupes, se présenter au commandant en chef, lui demander la permission de séjourner là et s'éloigner sans délai si elle lui est refusée pour des raisons d'ordre militaire ;

3° Être muni, en toutes circonstances, de ses pièces d'identité et les montrer à toute réquisition ;

4° Veiller à ce que le commandement n'ignore jamais le contenu de ses correspondances et articles ;

5° Se conformer strictement aux indications de l'officier chargé des relations du quartier général avec la presse.

Les correspondants nationaux ou étrangers coupables d'indiscrétion sont passibles d'expulsion et, dans des cas graves, de comparution devant un conseil de guerre. Les étrangers doivent s'engager, par écrit, à ne pas invoquer l'immunité personnelle.

Quant aux journalistes qui accompagnent les troupes sans y être autorisés et qui, par conséquent, échappent à tout contrôle de l'autorité militaire, il faut les poursuivre, les chasser avec une rigueur impitoyable et les traiter comme des êtres dangereux et malfaisants. »

Ce que nous avons dit dans les divers articles qui traitent du rôle de la presse aux armées que nous venons de publier, a suffi pour démontrer l'importance qu'en Angleterre, en Allemagne et au Japon on attache aux divulgations que peut faire la presse. Nous avons fait connaître en même temps les mesures prises pour empêcher ces divulgations.

En France, il semble que l'on ne s'est pas préoccupé de cette question et nous croyons que rien n'a été fait. Nous pensons qu'il ne faut pas attendre la déclaration de guerre pour étudier et réglementer les droits et les devoirs des correspondants des journaux aux armées ; ce que l'on fait hâtivement est rarement bien fait. Nous pensons même que cette question devrait faire l'objet d'une convention internationale.

Général PÉDOYA.

TABLE DES MATIÈRES

ANNEXES

180-07. — CORBEIL. IMPRIMERIE ÉD. CRÉTÉ.

A LA MÊME LIBRAIRIE

CORBEIL. — Imprimerie ÉD. CRÉTÉ.

www.ingramcontent.com/pod-product-compliance
Ingram Content Group UK Ltd.
Pitfield, Milton Keynes, MK11 3LW, UK
UKHW020212250726
13967UKWH00003B/1419

9 782013 374392